Knörzer / Amler / Rupp · Mentale Stärke entwickeln

Wolfgang Knörzer / Wolfgang Amler / Robert Rupp

Mentale Stärke entwickeln

Das Heidelberger Kompetenztraining
in der schulischen Praxis

Über die Autoren:

Dr. Wolfgang Knörzer ist Professor für Sportpädagogik an der Pädagogischen Hochschule Heidelberg, Leiter des Zentrums für Prävention und Gesundheitsförderung der Pädagogischen Hochschule Heidelberg und HKT-Projektleiter.

Wolfgang Amler ist stellvertretender Leiter einer Verbundschule (GHS, RS), Fachberater für Schulentwicklung im Regierungspräsidium Stuttgart und Mitglied der HKT-Projektleitung.

Robert Rupp ist Diplom-Pädagoge, wissenschaftlicher Mitarbeiter und Doktorand im BA-Studiengang »Gesundheitsförderung« der Pädagogischen Hochschule Heidelberg und Mitglied der HKT-Projektleitung.

Das Werk und seine Teile sind urheberrechtlich geschützt.
Jede Nutzung in anderen als den gesetzlich zugelassenen Fällen
bedarf der vorherigen schriftlichen Einwilligung des Verlages.
Hinweis zu § 52a UrhG: Weder das Werk noch seine Teile dürfen
ohne eine solche Einwilligung eingescannt und in ein Netzwerk
eingestellt werden. Dies gilt auch für Intranets von Schulen
und sonstigen Bildungseinrichtungen.

Lektorat: Cornelia Matz

© 2011 Beltz Verlag · Weinheim und Basel
www.beltz.de
Herstellung: Lore Amann
Satz: Satzkiste GmbH, Stuttgart
Druck: Beltz Druckpartner, Hemsbach
Umschlaggestaltung: glas-ag, Seeheim-Jugenheim
Umschlagabbildung: Fotolia_15154874_XL © pressmaster – Fotolia.com
Printed in Germany

ISBN 978-3-407-25556-3

Inhalt

Vorwort 9

Einleitung 11

Teil I: HKT-Grundlagen

1 Die Grundidee 14

2 HKT-Entwicklungslinie und theoretische Grundlagen 19
   2.1 Entwicklungslinie 19
   2.2 Theoretische Grundlagen 21
      2.2.1 Kontrollierbare und unkontrollierbare Inkongruenz 21
      2.2.2 Die Rolle der psychischen Grundbedürfnisse 24
      2.2.3 Das Zusammenspiel bewusster und unbewusster Prozesse 27
      2.2.4 Die Bedeutung der Affekte 29
      2.2.5 Das »Rubikon-Modell«: Orientierungsrahmen
           des HKT-Prozesses 31
      2.2.6 Outcome-Standardisierung 34

Teil II: HKT in der Praxis

Einführung 38

3 Trainingsphase 1: Ziel erarbeiten 42
   3.1 Standard für die Zielerarbeitungsphase 42
   3.2 Theoretische Grundlagen der Zielarbeit 43
      3.2.1 Zielarbeit im digitalen Modus – Ziele nach Zielkriterien
           exakt formulieren 44
      3.2.2 Zielarbeit im analogen Modus – die Zielerreichung mental
           und emotional erleben 47
   3.3 Praxisanleitung Zielarbeit 51
      3.3.1 Praxisanleitung SMART-Ziele 52
      3.3.2 Praxisanleitung Motto-Ziele 54
      3.3.3 Praxisanleitung Zielerreichung erleben und mental verankern 58
      3.3.4 Praxisanleitung Zielvisualisierung (Mentaltraining) 61

4 Trainingsphase 2: Konzentration ... 64
- 4.1 Standard für die Konzentrationsphase ... 64
- 4.2 Theoretische Grundlagen der Konzentration ... 65
- 4.3 Praxisanleitung: Konzentration erlebbar machen und trainieren ... 70

5 Trainingsphase 3: Stärken stärken ... 77
- 5.1 Standard für die Phase »Stärken stärken« ... 77
- 5.2 Theoretische Grundlagen der Stärkenarbeit ... 78
  - 5.2.1 Ressourcenaktivierung ... 78
  - 5.2.2 Ressourcenaufbau ... 80
- 5.3 Praxisanleitung Stärken stärken ... 81
  - 5.3.1 Praxisanleitung Stärkenanalyse ... 81
  - 5.3.2 Praxisanleitung Stärkenaktivierung ... 85

6 Trainingsphase 4: Die Zielintention abschirmen ... 88
- 6.1 Standard für die Phase »Zielintention abschirmen« ... 88
- 6.2 Theoretische Grundlagen der Zielintentionsabschirmung ... 89
  - 6.2.1 Die Notwendigkeit der Zielintentionsabschirmung ... 89
  - 6.2.2 Wenn-dann-Pläne: eine effektive Selbstregulationsstrategie zum Umgang mit Störungen und Hindernissen ... 90
- 6.3 Praxisanleitung Zielintention abschirmen ... 92
  - 6.3.1 Praxisanleitung Erstellen von Wenn-dann-Plänen als digitale Abschirmstrategie ... 92
  - 6.3.2 Praxisanleitung Aufbau analoger Abschirmstrategien ... 94

7 Praxisbeispiele ... 96
- 7.1 Implementation des HKTs in Organisationen ... 96
- 7.2 Planung und Qualitätssicherung von HKT-Projekten ... 97
- 7.3 Praxisdokumentation ... 99
  - 7.3.1 Praxisbeispiel 1: HKT in der Grundschule ... 100
  - 7.3.2 Praxisbeispiel 2: HKT in der Berufsschule ... 101
  - 7.3.3 Praxisbeispiel 3: HKT in der Hochschule ... 103
  - 7.3.4 Praxisbeispiel 4: HKT in der Rehaklinik ... 104

Nachwort und Ausblick ... 107

Literatur ... 111

Verzeichnis der Abbildungen ... 114

Stichwortverzeichnis ... 115

Anhang

Kopiervorlagen für
den HKT-Prozess 119

Kopiervorlagen für die Zielarbeit 123

Kopiervorlagen für die Konzentrationseinheit 133

Kopiervorlagen für die Stärkenarbeit 137

Kopiervorlagen für die Einheit
»Zielintention abschirmen« 145

Beispielvorlagen
Elterninformationen für das HKT in der Grundschule ... 149

Evaluation 153
    Skalen zur Prüfungsangst (TAI-E, TAI-W nach
    Schwarzer / Jerusalem [1999]) 154
    Fragebogen TAI-E 154
    Fragebogen TAI-W 155

HKT in der Rehabilitation 157
    HKT-Kurzanleitung für Reha-Patienten 158

Vorwort

Das Heidelberger Kompetenztraining zur Entwicklung mentaler Stärke (HKT), wie es in diesem Buch beschrieben wird, ist das Ergebnis einer Entwicklung, die über mehr als zwei Jahrzehnte geht. Ausgangspunkt unserer Diskussion war die Frage, wie man Schülerinnen und Schüler befähigen könnte, ihre optimalen Leistungen genau dann abzurufen, wenn dies gefordert wird, z. B. in Klassenarbeiten oder Prüfungen, aber auch bei öffentlichen Auftritten oder sportlichen Wettkämpfen.

Als Klassen- und Beratungslehrer mussten wir schon früh feststellen, dass dies den meisten Schülerinnen und Schülern keineswegs selbstverständlich gelingt, da es ihnen an entsprechendem Wissen und Können hierzu fehlt. Gleichzeitig sahen wir einen großen Bedarf für entsprechende Qualifizierungsmaßnahmen, dem ein erstaunlicher Mangel an zielgruppenadäquaten praxistauglichen Konzepten gegenübersteht.

Hier wollten wir Abhilfe schaffen. Entsprechend brachten wir das Thema zunächst in die Lehrerfortbildung ein. Schwerpunktthemen waren »Das Lernen lehren«, »Neue Lehr- und Lernmethoden und ihr Einsatz im Unterricht«, »Umgang mit Prüfungsängsten«. Die Nachfrage nach diesen Themen war groß, besonders gefragt waren die Seminare, denen Konzepte zugrunde lagen, die einen raschen Praxistransfer ermöglichten. Im Laufe der Zeit wurde auch deutlich, wie wichtig es war, neben einer fundierten Fachlichkeit übergreifende Kompetenzen zu schulen, die es den Schülerinnen und Schülern ermöglichen, ihr persönliches Potenzial zielgerichtet und bewusst zu aktivieren. In diese Richtung sollte die weitere Konzeptentwicklung gehen.

Hier kam uns ein weiterer Schwerpunkt unserer Arbeit zugute. Als Sportpädagogen und Trainer hatten wir uns bereits früh mit den Möglichkeiten beschäftigt, die ein systematisches Mentaltraining bei der Ausschöpfung des eigenen Leistungspotenzials bietet. Seit 2001 mündeten diese Überlegungen in die Entwicklung eines eigenen Ansatzes zum »Integrativen Mentaltraining im Sport« (Amler / Bernatzky / Knörzer 2006). Seither bilden wir nach unserem Modell Sporttrainer fort und betreuen im Mentalbereich zahlreiche Sportlerinnen und Sportler im Hochleistungsbereich.

Beide Entwicklungsstränge – die Beschäftigung mit persönlichkeitsstärkenden Lehr- und Lernmethoden und die Beschäftigung mit Mentaltraining im Sport – führten wir erstmals 2004 zusammen. Im Pilotprojekt »Integratives Sport- und Lernmentaltraining« wurden jugendliche Sportler gemeinsam mit ihren Klassenkameraden mit den Grundelementen des Mentaltrainings vertraut gemacht. Ziel der Pilotphase war es, die Möglichkeiten der Umsetzung von Mentaltraining in Verbindung mit persönlichkeitsstärkenden Lernmethoden in schulischen Kontexten zu erproben (Knörzer et al. 2006). Die Erfahrungen der Pilotphase wurden von den Schülerinnen und

Schülern als motivierend und bereichernd beschrieben. Eine zentrale Erkenntnis der Pilotphase war, dass das Mentaltraining nicht nur von den jugendlichen Sportlern sehr positiv aufgenommen wurde, sondern ebenso von deren Klassenkameraden, die keinen Leistungssport betrieben. Diese konnten ihre Erfahrungen aus dem Mentaltraining vor allem in Klassenarbeits- und Prüfungssituationen erfolgreich umsetzen. Die Weiterentwicklung des Konzeptes wurde daher auf alle Schülerinnen und Schüler ausgerichtet.

Vor diesem Hintergrund startete 2005 an der Pädagogischen Hochschule Heidelberg unter der Leitung von Wolfgang Knörzer die Entwicklung des »Heidelberger Kompetenztrainings zur Entwicklung mentaler Stärke (HKT)«.

Das aktuelle Ergebnis dieser Entwicklung liegt in diesem Buch vor. Das HKT hat seither Eingang gefunden in Schulen aller Stufen und Schularten. In einem kontinuierlichen Verbesserungsprozess wurde es dabei stetig weiterentwickelt und zwar zugleich in Bezug auf seine theoretische Fundierung wie auch auf seine Praxistauglichkeit, und für neue Zielgruppen und Kontexte modifiziert. Dies war nur möglich, weil im Verlauf der vergangenen sieben Jahre zahlreiche Personen engagiert und motiviert in diesem Projekt mitgearbeitet haben. Ohne sie wäre die Entwicklung des HKTs nicht möglich gewesen. Zu nennen sind hier sowohl alle Lehramtsstudierenden wie auch die Studierenden des Bachelorstudiengangs »Gesundheitsförderung« der Pädagogischen Hochschule Heidelberg, die aktiv in den einzelnen Seminaren mitgearbeitet haben und ihre eigenen HKT-Seminare in Schulen, im Gesundheitsbereich und in Sportvereinen durchgeführt haben.

Wichtige Impulse kamen und kommen von den Lehrerinnen und Lehrern der HKT-Kooperationsschulen, die das HKT fest in ihren Schulen verankern. Namentlich bedanken möchten wir uns bei all denjenigen, die als Projektmitarbeiter unmittelbar mit der HKT-Entwicklung verbunden waren und sind: Marion Pedak, Silvia Horn, Miriam Edelmann, Dr. Rolf Schwarz, Sven Heinrich, Alexander König, Philipp Moritz und Pascal Werle, Christoph Steinbach vom Olympiastützpunkt Rhein-Neckar, der das HKT nicht nur in der Anfangsphase tatkräftig unterstützt hat, Ernst Fritz-Schubert, der das HKT in sein Unterrichtsfach »Glück« integriert hat, und Karl-Heinz Markmann, der als Direktor der Rehaklinik Heidelberg-Königstuhl uns die Möglichkeit gab, das HKT auch in diesem Bereich zu implementieren. Besonderen Dank auch an Rosie Winnewisser, deren kritisch-konstruktive Unterstützung uns bei der Fertigstellung dieses Buches eine große Hilfe war.

Heidelberg im März 2011
Wolfgang Knörzer
Wolfgang Amler
Robert Rupp

Einleitung

Die Schülerin vor einer Klassenarbeit, der Schüler vor einer mündlichen Prüfung, Schulabgänger vor ihren Bewerbungsgesprächen, Sportler vor dem Wettkampf, Musiker vor dem Auftritt, Studierende im Staatsexamen, Referendare vor der Lehrprobe: Sie alle sind in einer vergleichbaren Situation – sie stehen vor einer persönlichen Herausforderung, bei der es darauf ankommt, dass sie ihre Leistung zum richtigen Zeitpunkt optimal abrufen. Die Fähigkeit, gut zu sein, wenn es darauf ankommt, ist nicht nur wesentlich für schulischen, beruflichen oder sportlichen Erfolg, sondern auch für persönliches Wohlbefinden, das sich einstellt, wenn es gelingt, persönliche Ziele zu erreichen.

Für das erfolgreiche Erreichen von Zielen bedarf es – neben fachlichem Wissen und Können – geeigneter mentaler Strategien und Kompetenzen. Diese gilt es anhand theoretisch fundierter praxistauglicher Methoden und Programme ebenso zu schulen wie fachliches Wissen und Können. Diesem Anspruch möchten wir mit dem Heidelberger Kompetenztraining zur Entwicklung mentaler Stärke (HKT) gerecht werden. Wir haben das HKT mit dem Ziel entwickelt, Menschen zu befähigen, Herausforderungen erfolgreich zu bewältigen. Dies kann nicht allein über das Vermitteln von Wissen gelingen, vielmehr geht es um die Entwicklung entsprechender Kompetenzen. Kompetenzen verstehen wir im Sinne Weinerts[1] als die Fähigkeiten und Fertigkeiten, die ein Individuum entwickelt oder erlernt, um Probleme zu lösen, sowie die damit verbundene motivationale und volitionale Haltung. Dementsprechend strebt das HKT neben der Vermittlung entsprechenden Wissens und Könnens den Aufbau einer persönlichen positiven Problemlösehaltung an. Neben der Schulung mentaler Strategien für eine erfolgreiche Problemlösung geschieht dies über die Stärkung der Selbstwirksamkeitsüberzeugung der Teilnehmer[2].

Die Entwicklung des HKTs erfolgte in der Tradition pädagogischer Handlungsforschung im engen Kontakt mit der Anwendungspraxis. Dies war dadurch möglich, dass wir von Anfang an ein Netzwerk beteiligter Schulen aufbauten, in denen HKT durchgeführt wurde und wird. Zunächst wurde das HKT in den Schulen von speziell dafür qualifizierten Studierenden durchgeführt. Schnell stellte sich allerdings heraus, dass dieses Vorgehen nur bedingt erfolgreich war. Um eine nachhaltige Verankerung des

---

[1] Weinert, F. E. (Hrsg.) (2001): Leistungsmessungen in Schulen. Weinheim: Beltz, S. 27 ff.
[2] Der einfacheren Lesbarkeit wegen verwenden wir im Buch in den meisten Fällen grammatikalisch die männliche Darstellungsform, möchten aber an dieser Stelle ausdrücklich darauf hinweisen, dass wir immer beide Geschlechter meinen.

HKTs in den beteiligten Schulen zu gewährleisten, wurden daher seit 2006 interessierte Lehrkräfte im Rahmen von viertägigen Fortbildungsseminaren für die Durchführung des HKTs qualifiziert. Unterstützt wurden sie bei der Durchführung ihrer HKT-Projekte von entsprechend qualifizierten Studierenden. Diese Zusammenarbeit erwies sich für beide Seiten als bereichernd. Seit 2009 wird sie dadurch erleichtert, dass die qualifizierenden Fortbildungsseminare für Lehrkräfte und Studierende zusammen angeboten werden. Die beteiligten Schulen dokumentieren ihre HKT-Praxis und stellen diese Dokumentationen der HKT-Projektleitung an der Hochschule zur Verfügung. Die Ergebnisse fließen in die Weiterentwicklung des HKT-Modells ein. Diese enge Verknüpfung von Theorie und Praxis ermöglicht eine Qualitätsentwicklung im Sinne eines kontinuierlichen Verbesserungsprozesses. Der Ausweitung der HKT-Anwendung auf den Bereich des Rehabilitationswesens wurde ebenfalls dieses bewährte Modell der Verbindung von Hochschule und Anwendungsfeld zugrunde gelegt.

Die Erfahrungen unserer jahrelangen HKT-Entwicklung und -Praxis fließen in das vorliegende Buch ein. Mit ihm wenden wir uns an alle, die ihre eigenen Problemlösungskompetenzen stärken, aber auch andere Menschen dabei unterstützen möchten. Das Buch ist einerseits für die persönliche Umsetzung geschrieben, wendet sich aber auch an alle, die in professionellen Kontexten Menschen bei ihrer Kompetenzentwicklung begleiten. Darüber hinaus wendet sich das Buch an Studierende entsprechender Studiengänge.

Neben der zugrunde liegenden Theorie beschreibt das Buch vor allem detailliert die HKT-Praxis. Damit möchten wir den Lesern entgegenkommen, die vermutlich in erster Linie an der praktischen Anwendung des HKTs interessiert sind. Aus diesem Grund haben wir den Theorieteil I zweigeteilt. Kapitel 1 beschreibt zunächst in Kürze die Grundidee des HKTs und sichert damit die theoretischen Grundlagen als Voraussetzung für das Verständnis des HKT-Modells. Anschließend werden in Kapitel 2 die Entwicklungslinie und die theoretischen Grundlagen des HKTs ausführlich beschrieben. Dieser Teil kann von praxisinteressierten Lesern zunächst übersprungen und zu einem späteren Zeitpunkt nachgelesen werden.

Teil II widmet sich ausführlich der Praxis des HKTs. Die Gliederung orientiert sich dabei in den ersten vier Kapiteln von Teil II am Aufbau eines HKTs. Eingeleitet wird jedes Kapitel zunächst mit der Beschreibung des jeweiligen Teilschritt-Standards, es folgt eine komprimierte Darstellung der Theorie, die zum Verständnis der anschließenden Praxis notwendig ist. Danach wird für jeden HKT-Teilschritt eine in der Praxis bewährte Umsetzungsmöglichkeit detailliert dargestellt. Ausgewählte Praxisbeispiele in Kapitel 7 runden den Praxisteil ab. Im Anhang sind alle verwendeten Arbeitsblätter noch einmal als Kopiervorlagen zusammengefasst.

Teil I: HKT-Grundlagen

1 Die Grundidee

In diesem Kapitel möchten wir Sie mit den Grundlagen des HKTs vertraut machen. Zunächst werden wir möglichst knapp und anschaulich die Grundidee des HKTs erläutern. Danach werden wir die theoretischen Konzepte ausführlicher darstellen, die dem HKT zugrunde liegen. Wenn Sie zunächst oder in erster Linie an der Praxis des HKTs interessiert sind, können Sie diese Theoriegrundlagen in Kapitel 2 erst einmal überspringen. Wir empfehlen Ihnen aber in jedem Fall, unsere Grundidee in Kapitel 1 zu lesen, da diese für das Verständnis der HKT-Praxis eine notwendige Voraussetzung darstellt.

In unserer jahrzehntelangen Praxis als Lehrer, Hochschullehrer und Erwachsenenbildner sind wir regelmäßig mit folgendem Problem konfrontiert worden: Wir mussten beobachten, dass Menschen unterschiedlichsten Alters mangelhafte, oft sogar gar keine mentalen Strategien und Kompetenzen besitzen, um ihr Wissen und Können in herausfordernden Situationen gezielt und systematisch abrufen und zeigen zu können. An vier Fallbeispielen möchten wir Ihnen dies exemplarisch aufzeigen:

Fallbeispiel 1

Ein Schüler einer vierten Grundschulklasse, der als sorgfältig und fleißig gilt, zweifelt mehr und mehr an sich selbst. Obwohl ihm seine Lehrer bescheinigen, dass er durchaus begabt ist, sind Klassenarbeiten für ihn immer große Unsicherheitsfaktoren. Manchmal gelingt es ihm, seine Leistung auf den Punkt abzurufen, oft aber fühlt er sich vor und während der Arbeit unsicher und unbeholfen. Dann macht er viele leichte Fehler und bekommt entsprechend schlechte Zensuren. Er selbst kann sich diese Schwankungen nicht erklären, und er hat auch keinerlei Strategien, wie er diese mentalen Berg-und-Tal-Fahrten beeinflussen könnte. Im Hinblick auf den Übergang auf eine weiterführende Schule beunruhigt ihn dies zunehmend. Seine Umgebung, die Lehrer und seine Eltern versuchen ihm zwar zu helfen – viel mehr als aufmunternde Worte können sie ihm aber auch nicht geben.

Fallbeispiel 2

Eine Schülerin der zehnten Klasse einer Realschule bekommt zunehmend Probleme bei Mathematikarbeiten. Zwar liegt ihr dieses Fach ganz gut, und sie bereitet sich zu Hause auch gründlich auf die Arbeiten vor. Immer wieder passiert es ihr aber, dass sie während der Arbeit die Konzentration verliert und dann einfach nicht mehr in der Lage ist, die anspruchsvollen Aufgaben sicher zu Ende zu rechnen. Wohlgemeinte Tipps wie »Du musst dich einfach nur auf die Aufgaben konzentrieren« helfen ihr wenig, da ihr niemand sagen kann, wie das denn eigentlich gehen soll.

Fallbeispiel 3

Ein Schüler der Oberstufe muss ihm Rahmen seiner Kurse umfangreiche Präsentationen vor unterschiedlichen Lerngruppen leisten. Er hat schon oft erfahren, dass ihm dies gut gelingt, wenn er ruhig und voller Selbstvertrauen ist. Dann kann er auf Zwischenfragen kompetent und manchmal auch humorvoll antworten. Er weiß zwar, dass er diese Stärken besitzt, ob sie ihm aber im richtigen Moment zur Verfügung stehen, bleibt weitgehend dem Zufall überlassen. Schon lange ist er auf der Suche nach einer Strategie, die es ihm ermöglicht, seine Stärken dann abzurufen, wenn es darauf ankommt.

Fallbeispiel 4

Eine Studentin am Ende ihres Studiums ist fest entschlossen, auch noch das mündliche Examen erfolgreich zu bestehen. Sie hat sich gründlich und umfassend vorbereitet. In ihrer Lerngruppe gelingt es ihr leicht und flüssig, die gelernten Sachverhalte darzustellen. Nun aber befürchtet sie, dass dies in der Prüfung selbst anders laufen könnte. Was würde geschehen, wenn es zu einer zeitlichen Verzögerung käme und sie lange warten müsste oder wenn sie eine der Fragen nicht versteht oder keine Antwort weiß. Da das alles sie sehr verunsichert, macht sie sich auf die Suche nach einer einfachen und effektiven Strategie, wie sie in der Prüfung erfolgreich mit solchen Störungen umgehen kann.

In jedem der vier Fallbeispiele befinden sich die Akteure in einer vergleichbaren Lage. Sie sehen sich vor Situationen, die sie bewältigen möchten. Inhaltlich bereiten sie sich durchaus sorgfältig auf die bevorstehende Herausforderung vor. Wissen und inhaltsbezogenes Können sind demnach vorhanden. Was sie jedoch zusätzlich brauchen, sind Fähigkeiten und Strategien, um in der richtigen inneren Haltung das Gelernte auch in der Praxisanwendung optimal einsetzen zu können. Hierauf, so zeigt unsere jahrelange Erfahrung, werden weder Schüler noch Studierende systematisch vorbereitet. Es bleibt mehr oder weniger dem Zufall überlassen, ob es ihnen gelingt, dann gut zu sein, wenn es darauf ankommt, oder ob sie in solchen Situationen immer wieder in Gefahr sind, sich schlecht darzustellen oder gar zu scheitern.

Vor dem Hintergrund dieser Problemstellung entwickeln wir seit 2005 an der Pädagogischen Hochschule Heidelberg das Heidelberger Kompetenztraining (HKT) zur Entwicklung mentaler Stärke. Das Trainingskonzept verfolgt das Ziel, über den Aufbau bzw. die Stärkung mentaler Selbststeuerungskompetenzen Menschen in ihrem Ziel- und Bedürfnisbefriedigungsstreben zu unterstützen (verkürzt und plakativ wird dies im HKT als »Entwicklung mentaler Stärke« bezeichnet).

Die im HKT erworbenen mentalen Strategien und Kompetenzen sollen Menschen befähigen, Herausforderungssituationen, wie sie in den dargestellten Fallbeispielen beschrieben sind, erfolgreich zu bewältigen. Es geht darum, Menschen dabei zu unterstützen, aus ihrem aktuellen IST-Zustand erfolgreich einen gewünschten Ziel- oder SOLL-Zustand zu erreichen. Psychologisch gesehen geht es darum, sogenannte »Inkongruenzsituationen« erfolgreich zu bewältigen (zum theoretischen Hintergrund vgl. Kapitel 2).

Hier einige Beispiele:

Herausforderungssituationen (»Inkongruenzsituationen«)

Ausgangssituation (IST)	Ziel (SOLL)
Klassenarbeit	gute Leistung
Prüfung	erfolgreiches Bestehen
Präsentation	selbstsicheres Auftreten
Sportlicher Wettkampf	Erfolg

Wir gehen davon aus, dass die Person sich grundsätzlich dafür entschieden hat, das Ziel, also die gute Klassenarbeit, die gelungene Präsentation, das exzellente Examen, erreichen zu wollen. Das HKT kann sie dabei unterstützen, das bereits Gelernte und Erarbeitete umfassend in der Praxis anzuwenden. Das HKT selbst ist ein psychoedukatives Verfahren, das Menschen in ihrer Entwicklung fördert. Es versteht sich als Beitrag zur Entwicklung personaler Kompetenzen im Bereich der Persönlichkeitsbildung.

Bei der Entwicklung des HKTs waren wir von dem Ziel geleitet, ein praxistaugliches, adressatengerechtes und leicht nachvollziehbares Konzept zu entwickeln, das sich in verschiedene Felder transferieren lässt. Grundlage sind dabei die wissenschaftliche Reflexion und Evaluation, also der Nachweis der Wirksamkeit.

Das Ergebnis dieser Entwicklung ist der HKT-Prozess, wie er im Folgenden skizziert wird. Übergeordnetes Ziel jedes HKT-Prozesses ist es, Menschen dabei zu unterstützen, Herausforderungssituationen (»Inkongruenzsituationen«) erfolgreich zu bewältigen. Auf dem Weg zu diesem Ziel folgt der HKT-Prozess vier Schritten:

1. Ziele formulieren
2. sich konzentrieren
3. seine Stärken aktivieren
4. die Zielintention abschirmen

Symbolisch lässt sich dies im »HKT-Baum« darstellen:

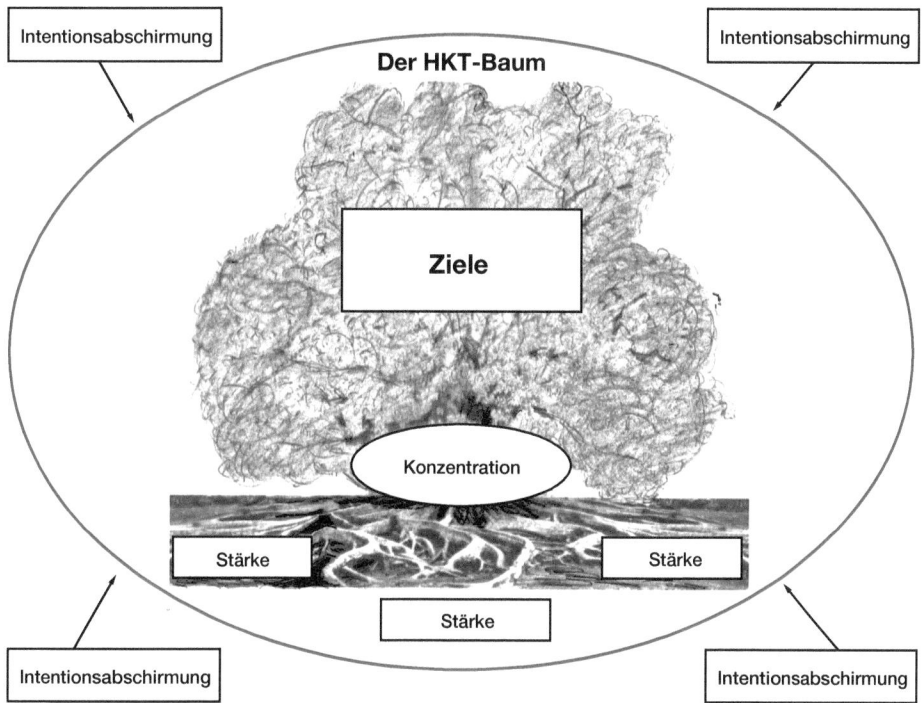

Abb.1: Der HKT-Baum als symbolische Darstellung des HKT-Prozesses

Das Ziel, das es zu erreichen gilt, wird symbolisch in die Krone des Baumes gesetzt (z. B. die gute Arbeit oder die gelungene Präsentation). Die Stärken werden als Wurzeln dargestellt, die aktiviert werden müssen, damit die Zielerreichung gelingt. Im Stamm, der die Konzentration symbolisiert, werden die Stärken zum Ziel hin gebündelt. Schließlich wird der ganze Baum symbolisch durch eine Art Schutzhülle gegen Störungen von außen abgeschirmt.

Jeder HKT-Prozess enthält diese vier Schritte, die wir als Teilziele auf dem Weg zur Erreichung des übergeordneten Ziels verstehen. Der Weg zum Ziel führt demnach immer über die vier Teilziele, ist aber in seinem genauen Verlauf nicht eindeutig festgelegt. Je nach Rahmenbedingungen und Ausrichtung variiert er, um so eine zielgruppenangemessene Vorgehensweise zu gewährleisten. Als methodische Grundlage für alle HKT-Prozesse dienen folgende Prinzipien:

Erstes HKT-Prinzip

Jeder HKT-Prozess ist so ausgerichtet, dass er auf dem Weg zum übergeordneten Ziel – erfolgreiche Bewältigung einer Herausforderungssituation – die vier Teilziele erreicht.

Mentale Prozesse laufen gleichzeitig auf einer bewussten und unbewussten Ebene im Zusammenspiel kognitiver und emotionaler Anteile ab (vgl. hierzu Kap. 2). Daher wird der gesamte HKT-Prozess darauf ausgerichtet, systematisch beide Ebenen in den Trainingsablauf mit einzubeziehen und eine Verbindung von logisch-rationalen *(digitalen)* und bildhaft-metaphorischen, körperlich-emotionalen *(analogen)* Prozessen herzustellen.

> **Zweites HKT-Prinzip**
>
> Jeder HKT-Prozess ist so ausgerichtet, dass sowohl digitale als auch analoge Denk- und Erlebensprozesse berücksichtigt werden.

Zusammenfassend kann festgehalten werden: Wir sprechen dann von HKT-Programmen, wenn auf dem Weg zum übergeordneten Ziel der erfolgreichen Bewältigung von Herausforderungssituationen die vier genannten Teilziele sowohl mit digitalen wie auch mit analogen Methoden angestrebt werden.

Auf dieser Grundlage können HKT-Programme für unterschiedliche Zielgruppen und in unterschiedlichen Kontexten entwickelt werden. Neben dem Bildungsbereich (Schule, Hochschule und Erwachsenenbildung) ist dies auch im Bereich des Reha-Wesens, in der betrieblichen Gesundheitsförderung und im Jugendleistungssport geschehen.

So weit eine komprimierte Darstellung der Grundideen des HKTs. Wenn Sie an einer vertiefenden Darstellung der theoretischen Hintergründe interessiert sind, empfehlen wir Ihnen, Kapitel 2 zu lesen. Möchten Sie sich gleich über die Praxis des HKTs informieren, können Sie direkt in Teil II einsteigen. Die weitere Gliederung des Buches orientiert sich an den vier HKT-Schritten. In Teil II wird zunächst aufgezeigt, wie diese in die Praxis umgesetzt werden können. Anschließend werden Beispiele für erfolgreiche HKT-Anwendungen in verschiedenen Kontexten gegeben.

2 HKT-Entwicklungslinie und theoretische Grundlagen

2.1 Entwicklungslinie

Grundlegendes Anliegen des Trainings ist es, Menschen über den Aufbau bzw. die Stärkung mentaler Selbststeuerungskompetenzen zugleich in ihrem Ziel- und Bedürfnisbefriedigungsstreben zu unterstützen. Die Entwicklung des Projektes erfolgt im Sinne pädagogischer Aktionsforschung (Unger / Block / Wright 2007) im engen Kontakt mit den beteiligten Praxisakteuren (vor allem den Lehrerinnen und Lehrern unserer Partnerschulen). Ziel ist die Entwicklung eines praxistauglichen, wissenschaftlich reflektierten Konzepts zur Lösung aktueller Probleme. Ausgangspunkt war das Problem, dass viele Kinder und Jugendliche in schulischen Drucksituationen ebenso wie in sportlichen Wettkampfsituationen in Angst und Stress geraten und dadurch ihr Potenzial nur begrenzt abrufen können. Gewonnen wurden die Problemerkenntnisse durch Feldbeobachtungen in schulischen Praktikumsbesuchen und bei der Beobachtung sportlicher Wettkämpfe, in informellen Gesprächen und narrativen Interviews mit Lehrerinnen und Lehrern ebenso wie mit Trainerinnen und Trainern und schließlich in persönlichen Gesprächen und Beratungsgesprächen mit den betroffenen Schülerinnen und Schülern bzw. jugendlichen Sportlerinnen und Sportlern. Zur Entwicklung des HKTs wurden folgende Forschungsleitfragen formuliert:

- Wie lässt sich ein Trainingsprogramm zur Entwicklung mentaler Stärke praxistauglich und nachvollziehbar, wissenschaftlich reflektiert und evaluiert für das Feld Schule, Hochschule und Erwachsenenbildung entwickeln?
- Wie kann dieses Konzept in andere Felder, etwa in das der Gesundheitsförderung und des Jugendsports, transferiert werden?

Die Projektentwicklung folgt dabei in der Tradition sozialwissenschaftlicher Handlungsforschung einer zyklischen Verlaufsform: z. B. Planung – Handlung – Auswertung – Planung. Als Basis für die Entwicklung des HKTs diente das Programm »Sportler mental stark machen«, dessen Ziel es ist, durch systematisches Mentaltraining die Persönlichkeit so zu entwickeln, dass jugendliche Sportler stark genug werden, ihre Leistungsmöglichkeiten umfassend auszuschöpfen, Dopingversuchungen zu widerstehen und parallel zur leistungssportlichen Entwicklung über ihre schulische und berufliche Entwicklung ein zweites Standbein aufzubauen (Knörzer et al. 2006). Die theoretische Grundlage bildete in dieser Entwicklungsphase das Konzept des »Integrativen Mentaltrainings im Sport« (Amler / Bernatzky / Knörzer 2006), dessen übergeordnete Zielsetzung es ist, den Sportler dabei zu unterstützen, einen Zustand idealer Leistungsfähigkeit zu erreichen und aufrechtzuerhalten.

Bei der Implementierung des Mentaltrainings in verschiedenen Schulen, in denen die jugendlichen Leistungssportler unterrichtet wurden, zeigte sich, dass das Mentaltraining nicht nur von den jugendlichen Sportlern positiv aufgenommen wurde, sondern ebenso von deren Klassenkameraden, die keinen Leistungssport betreiben. Diese konnten ihre Erfahrungen aus dem Mentaltraining vor allem in Klassenarbeits- und Prüfungssituationen erfolgreich umsetzen. Die Weiterentwicklung des Konzeptes wurde daher nicht mehr nur auf jugendliche Leistungssportler, sondern auf alle Schülerinnen und Schüler ausgerichtet.

Auf diesen Erfahrungen aufbauend wurde das »Heidelberger Kompetenztraining (HKT) zur Entwicklung mentaler Stärke« entwickelt und seit 2006 in verschiedenen Schulen in der Metropolregion Rhein-Neckar implementiert. Durchgeführt wurde es zunächst von speziell dafür qualifizierten Studierenden, die ein standardisiertes Programm in den fünften Klassen verschiedener Schulen anboten. Das Programm sollte nach einem exakt und verbindlich beschriebenen Plan ablaufen. Die Studenten unterrichteten das HKT-Programm im Rahmen von fünf Doppelstunden pro Schulhalbjahr zunächst an einer Hauptschule, einer Realschule und einem Gymnasium. Dazwischen wurden die Trainingsinhalte nicht wieder aufgegriffen, da die unterrichtenden Lehrer über keine entsprechende Qualifikation verfügten, was nach unseren Erfahrungen zu einem hohen Wissensverlust und somit zu einer geringen Nachhaltigkeit führte. Außerdem zeigte es sich, dass ein Programm, das bezüglich der Inhalte, Methoden und Abläufe exakt standardisiert war, der schulischen Wirklichkeit nicht gerecht wurde, da es keinen Spielraum ließ, auf die aktuelle Situation der jeweiligen Schülergruppe flexibel einzugehen.

Die Hauptprobleme, die sich in dieser ersten Phase ergaben, waren zum einen die fehlende Nachhaltigkeit, vor allem dadurch bedingt, dass das HKT zeitlich eng begrenzt von externen Experten gelehrt wurde, die keine weitere Verankerung in der jeweiligen Schule hatten. Zum anderen erwies sich ein Programm, das streng nach Input standardisiert war, als zu unflexibel für die pädagogisch sinnvolle Arbeit mit unterschiedlichen Lerngruppen. Außerdem wurde die Notwendigkeit einer klaren theoretischen Fundierung des HKTs ersichtlich. Aus diesen Erfahrungen der ersten Implementationsphase ergaben sich für die weitere Entwicklung zwei Fragestellungen:

- Auf der Basis welcher Theoriekonstrukte lässt sich das HKT begründen und praktisch weiterentwickeln?
- Wie lässt sich das HKT so standardisieren, dass es an die Bedingungen der jeweiligen Lerngruppe flexibel angepasst und trotzdem in seinen Ergebnissen verglichen werden kann?

Die Antworten auf diese Fragestellungen prägen die weitere theoretische und praktische Entwicklung des HKTs und sollen im Folgenden näher betrachtet werden.

2.2 Theoretische Grundlagen

Die Entwicklung der theoretischen Grundlagen erfolgt aus der Zusammenschau von vier theoretischen Klärungen:

- den neurobiologischen Folgen von Inkongruenzsituationen
- der Rolle der Befriedigung bzw. Nichtbefriedigung der psychischen Grundbedürfnisse
- dem Zusammenwirken bewusster und unbewusster psychischer Prozesse
- der Rolle der Affekte

2.2.1 Kontrollierbare und unkontrollierbare Inkongruenz

Das übergeordnete Ziel jedes HKT-Prozesses ist es, Menschen bei der erfolgreichen Bewältigung von Herausforderungssituationen zu unterstützen, um ihre angestrebten Ziele erfolgreich realisieren zu können. Ausgangspunkt ist die in zahlreichen Studien nachgewiesene Problematik, dass es vielen Menschen, selbst wenn sie hoch motiviert sind, nicht gelingt, ihre selbstgesetzten Ziele zu realisieren (Achtziger / Gollwitzer 2009, S. 289). Erfolgreiches Zielstreben stellt aufgrund der zahlreichen potenziellen internen (z. B. Zielkonflikte) und externen (z. B. Ablenkungen) Hindernisse, die sich ihm in den Weg stellen können, hohe Anforderungen an die Selbststeuerungsfähigkeit der Menschen. In der Psychologie werden solche Herausforderungssituationen als Inkongruenzsituationen bezeichnet.

Der Begriff der Inkongruenz wird im Rahmen des HKTs im Sinne des Neuropsychologen Klaus Grawe verwendet: »Der Begriff der Inkongruenz […] meint Abweichungen zwischen den Wahrnehmungen der Realität auf der einen Seite und aktivierten Zielen, Erwartungen und Überzeugungen auf der anderen Seite« (Grawe 2004, S. 235).

Die Fähigkeit, mit Inkongruenzen – also Ist-Soll-Diskrepanzen – produktiv umgehen zu können, gilt als Voraussetzung für eine erfolgreiche Zielrealisierung. Inkongruenzen sind notwendige Voraussetzungen für persönliche Weiterentwicklung. Nur wer sich neue Ziele setzt, sich herausfordernden Situationen stellt und damit eine (Inkongruenz-)Spannung aufbaut, entwickelt sich weiter. Es geht um die Auflösung von Diskrepanzen zwischen einer aktuellen Realität, die noch nicht den Zielvorstellungen entspricht (Ist) und einem angestrebten zukünftigen Zustand der Zielerreichung (Soll). Dies gilt unabhängig davon, ob es um schulische, berufliche, sportliche Weiterentwicklungen oder um eine Änderung des Lebensstils geht. Damit solche Weiterentwicklungen möglich sind, benötigt man Strategien und Kompetenzen, um Inkongruenzen zu lösen – d. h. seine angestrebten Ziele zu realisieren. Sind solche Lösungsmöglichkeiten vorhanden, spricht Grawe (2004, S. 239 ff.) von einer *kontrollierbaren Inkongruenz*.

Fehlen in einer Inkongruenzsituation die Mittel, die Spannungen zu lösen, gelingt es dem Menschen nicht, die aktuelle Situation mit seinen Zielen in Einklang zu bringen, was leicht zu starken Stress- und Angstreaktionen führen kann. Weiterentwicklung wird verhindert, sogar nachhaltig vermieden. Grawe spricht hier von *unkontrollierbarer Inkongruenz* (2004, S. 244 ff.). Der folgenschwere Unterschied zwischen beiden Inkongruenzzuständen wird deutlich, wenn man diesen auf der neurobiologischen Ebene betrachtet[3] (vgl. Grawe 2004, S. 23 ff.). In der Anfangsphase laufen bei der kontrollierbaren und unkontrollierbaren Inkongruenz dieselben Prozesse ab. Die neue herausfordernde Situation löst eine unspezifische Erregung im Bereich des assoziativen Kortex und des limbischen Systems des Gehirns aus. Das dabei ausgeschüttete Adrenalin beeinflusst fast alle Regionen des Gehirns. Durch die Stimulation der neuronalen adrenergen Rezeptoren wird das Gehirn lernbereiter, Synapsen können leichter gebahnt werden, die Glukoseaufnahme und der gesamte Energiestoffwechsel werden erhöht. Die aktivierten Nervenbahnen stabilisieren sich, sodass bei einer wiederholten Konfrontation mit vergleichbaren Herausforderungssituationen diese immer besser bewältigt werden. Dies bewirkt in der Praxis beispielsweise, dass nach einer positiv bewältigten Prüfung die weiteren Prüfungen leichterfallen oder ein Sportler nach einem erfolgreichen Wettkampf der nächsten Wettkampfherausforderung gelassener entgegenblicken kann. Zusammenfassend hält Grawe (2004, S. 242) fest:

> *Inkongruenz ist also im Prinzip nichts Schlechtes, nämlich dann nicht, wenn sie kontrollierbar bleibt. Sie treibt die Entwicklung neuronaler Strukturen voran. Sie ist gewissermaßen der Motor der psychischen Entwicklung, der Antrieb dazu, die eigenen Möglichkeiten immer weiter über den jeweils erreichten Stand hinaus zu entwickeln, das Potenzial, das einem die Natur mitgegeben hat, so gut wie möglich zu entwickeln.*

Die Auseinandersetzung mit und die erfolgreiche Bewältigung von Inkongruenzsituationen sind demnach wichtige Voraussetzungen für menschliche Weiterentwicklung – allerdings nur dann, wenn es dem Einzelnen gelingt, die Inkongruenzsituation für sich kontrollierbar zu halten. Findet ein Individuum in einer herausfordernden Inkongruenzsituation kein Mittel, diese mit eigenen Aktivitäten im Sinne der angestrebten Zielsetzung zu beeinflussen und so die Inkongruenz zu reduzieren, bleibt die erhöhte Erregung nicht nur bestehen, sondern eskaliert noch weiter. Dann kommt es über die Aktivierung der »HHNA-Stressachse« (Hypothalamus-Hypophysen-Nebennierenrinde-Achse) zur Glukokortikoid-Ausschüttung. Die Stress-Situation wird unkontrollierbar. Im Gegensatz zur Wirkung kontrollierbarer Inkongruenz wird die Bildung neuer synaptischer Verbindungen behindert, und bereits gebildete neuronale Verbin-

---

3   Um der Gefahr eines »biologischen Reduktionismus« zu begegnen, schlagen Knörzer und Schley (2010b) für die Betrachtung pädagogisch-psychologischer Phänomene ein Drei-Ebenen-Modell vor (neurobiologische, psychologische und pädagogische Ebene), das auch diesen Ausführungen zugrunde liegt.

dungen werden destabilisiert. Der Prozess des Lernens erfolgt lediglich auf der negativen Ebene und bringt angstauslösende Effekte mit sich.

» *Gelernt wird in einer solchen Situation aber vor allem der durch den Stressor ausgelöste Zustand selbst, und das ist primär Angst. Angst ist die natürliche Reaktion auf eine bedrohliche unkontrollierbare Inkongruenzsituation, also eine Situation, in der wichtigste Ziele schwer bedroht oder verletzt werden, ohne dass man etwas dagegen tun kann* « (Grawe 2004, S. 246).

Folgende Beispiele sollen die zuvor geschilderten Zusammenhänge verdeutlichen:

Beispiel 1:
Ein Schüler setzt sich das Ziel, im Fach Biologie ein überzeugendes Referat zu halten, um damit seine mündliche Bio-Note zu verbessern. Obwohl er sein Referat sehr gut vorbereitet hat, ist er bei seinem Vortrag vor der Klasse sehr aufgeregt. Gleich zu Beginn verspricht er sich, und im weiteren Verlauf des Vortrags verkrampft er innerlich immer mehr. Er registriert, dass er momentan weit von seiner Zielsetzung entfernt ist, seinen Vortrag überzeugend zu gestalten und so seine Note zu verbessern. Diese Inkongruenz zwischen dem angestrebten Ziel und der momentan wahrgenommenen Realität (die ganz anders aussieht) verstärkt noch seine Stressreaktion. Da er über keine (mentale) Strategie verfügt, die im dabei helfen könnte, der Stressreaktion entgegenzuwirken, zur Ruhe und Sicherheit (zurück) zu finden und die aktuelle Situation im Sinne seiner Zielsetzung zu beeinflussen, gelangt er in den Zustand der unkontrollierbaren Inkongruenz. Die daraus resultierende überschießende Stressreaktion führt bei ihm schließlich zu einem völligen Blackout. Dem nächsten Referat sieht er angstvoll entgegen.

Beispiel 2:
Nehmen wir an, der soeben skizzierte Schüler verfügt über mentale Strategien, die es ihm ermöglichen, sich vor und während seines Referats in einen Zustand optimaler Leistungsfähigkeit zu versetzen. Ihm gelingt es, während seines Vortrages auf eine ruhige und überzeugende Art und Weise all das umzusetzen, was er sich zuvor vorgenommen hat. Dadurch bringt er seine Realitätswahrnehmungen erfolgreich mit seinem angestrebten Ziel zur Deckung – löst also die Inkongruenz auf und überführt sie in Kongruenz. Er spürt, dass sein Vortrag gut läuft, was in ihm positive Emotionen und ein Gefühl der Sicherheit auslöst. Die zu diesem Zeitpunkt aktivierten (Erfolgs-)Nervenbahnen in seinem Gehirn stabilisieren sich in diesem Zustand. Der Erfolg und das damit korrespondierende neuronale Erregungsmuster werden fest im Gehirn verankert. Auf seinen nächsten Vortrag freut sich der Schüler bereits.

Zusammenfassend kann festgehalten werden: Für menschliche Weiterentwicklung ist es notwendig, sich immer wieder in Inkongruenzsituationen zu begeben. Positiv bewältigte – also kontrollierbare – Inkongruenzsituationen sind eine zentrale Voraussetzung für die Entwicklung des persönlichen Potenzials und leisten damit einen wichtigen Beitrag zur Persönlichkeitsentwicklung. Ist eine Inkongruenzsituation jedoch unkontrollierbar, so schlägt dieser positive Effekt ins Gegenteil um. Die Neubildung synaptischer Strukturen wird behindert, bereits vorhandene neuronale Netze werden destabilisiert. Gelernt wird vor allem Angst – die Angst vor der bedrohlichen, weil unkontrollierbaren Situation, die es zukünftig zu vermeiden gilt.

Für den pädagogischen Kontext bedeutet dies, dass Lernarrangements so aufgebaut sein sollen, dass sie einerseits Inkongruenzsituationen im Sinne von herausfordernden und motivierenden Ist-Soll-Diskrepanzen eröffnen, andererseits aber auch gewährleisten, dass diese Inkongruenzsituationen für die Lernenden kontrollierbar bleiben. Hierzu bedarf es neben inhaltlich-methodischen Vorgehensweisen vor allem auch mentaler Strategien, wie sie das Heidelberger Kompetenztraining vermittelt.[4]

2.2.2 Die Rolle der psychischen Grundbedürfnisse

Nach dieser Darstellung der neurobiologischen Folgen von kontrollierbaren und unkontrollierbaren Inkongruenzsituationen werden diese nun aus einer psychologischen Perspektive vor dem Hintergrund der Befriedigung der psychologischen Grundbedürfnisse betrachtet. Die Theorie, auf die wir dabei zurückgreifen, ist die »Konsistenztheorie«, wie sie Klaus Grawe in Anlehnung an Seymour Epstein entwickelte Ausgehend von der »Cognitive-Experiental Self Theory (CEST)« von Epstein (1993) formuliert Grawe auf der Grundlage aktueller Erkenntnisse aus der neurowissenschaftlichen und psychologischen Forschung die Konsistenztheorie als »ein Modell des normalen seelischen Funktionierens« (Grawe 2000, S. 449). Mit dieser Theorie möchte er zur Klärung folgender Frage beitragen: »Was sind die spezifischen Grundbedürfnisse des Menschen, deren Erfüllung gewährleistet sein muss, damit er sich wohlfühlen und gut entwickeln kann?« (Grawe 2004, S. 183). Die Konsistenztheorie beantwortet diese Frage mit folgenden vier Grundbedürfnissen:

- *ein Bedürfnis nach Orientierung und Kontrolle* als Bestreben des Menschen, sich selbst und die Welt zu verstehen und sich darüber hinaus kompetent und selbstbestimmt in der Welt zu bewegen. Zur Befriedigung des Bedürfnisses braucht er die Erfahrung eigener Kontrollmöglichkeit bezüglich ihm wichtiger Zielsetzungen.
- *ein Bedürfnis nach Bindung,* das die grundlegende Angewiesenheit des Menschen auf Mitmenschen, auf Nähe, Aufgehobensein, Verstandenwerden und Vertrauen für sein Wohlergehen betont.
- *ein Bedürfnis nach Selbstwerterhöhung / -schutz,* das den Menschen bedürftig nach selbstaufwertenden Wahrnehmungen macht. Er möchte sich selbst von einer positiven bzw. vorteilhaften Seite sehen können und so auch von anderen wahrgenommen werden – beispielsweise als kompetent, wertvoll und von anderen geliebt.

---

4 Das Vermitteln entsprechender Kompetenzen wird im Rahmen der Forderung nach einer »lifeskills-education« seit 1994 von der WHO propagiert. Neben dem HKT sei hier als Beispiel das von Maja Storch und Frank Krause (2007) entwickelte »Züricher Ressourcen-Modell« (ZRM) genannt.

- *ein Bedürfnis nach Lustgewinn / Unlustvermeidung,* als Verlangen danach, eine möglichst positive Lust-Unlust-Bilanz zu erzielen, also erfreuliche / lustvolle Erfahrungen herbeizuführen und zu erleben und schmerzhafte / unangenehme Erfahrungen zu vermeiden.

Diese vier psychischen Grundbedürfnisse stellen grundlegende Bedingungen dar, die erfüllt sein müssen, damit der Mensch ein Leben in Gesundheit und Wohlbefinden führen kann. Für diese Aussagen gibt es eine breite empirische Evidenz, die Grawe (2000; 2004) teils aus umfangreichen eigenen Untersuchungen, teils aus der Durchsicht der aktuellen psychologischen und neurowissenschaftlichen Literatur gewinnt. Er zeigt auf, dass das Wohlbefinden, die psychische (aber auch die physische!) Gesundheit und die psychische Leistungsfähigkeit (vor allem die Lernleistung) maßgeblich durch die Befriedigung der vier Grundbedürfnisse gestärkt bzw. durch die Verletzung der Grundbedürfnisse geschwächt wird (vgl. zusammenfassend Rupp 2009). Diese herausgehobene Bedeutung der Bedürfnisse für das menschliche Wohlergehen erklärt, weshalb der Mensch in der Interaktion mit seiner Umwelt motivational andauernd darauf ausgerichtet ist, diese Grundbedürfnisse zu befriedigen oder sie zumindest vor Verletzungen zu schützen. Macht ein Mensch in der Auseinandersetzung mit bestimmten Inhalten, Situationen, Personen oder Gegenstandsbereichen bedürfnisbefriedigende Erfahrungen, so bildet er im Sinne der »Konsistenztheorie« ein motivationales Annäherungsschema, also eine annähernde Verhaltenstendenz diesen gegenüber aus. Er handelt motiviert, um seine Ziele zu erreichen. Werden dagegen seine Bedürfnisse nicht befriedigt oder sogar verletzt, entwickelt er motivationale Vermeidungsschemata, also vermeidende Verhaltenstendenzen gegenüber entsprechenden Inhalten. An einem konkreten Beispiel aus dem Sportunterricht soll dies praktisch erläutert werden (Knörzer / Rupp 2010):

> *Ein Schüler wird mit einem neuen Lerninhalt, der »Grätsche über den Bock«, konfrontiert. Die gelungene Variante a könnte so aussehen: Der Schüler hat für sich eine klare Vorstellung über den Bewegungsablauf aufgebaut (Befriedigung des Kontrollbedürfnisses), bei seiner anschließenden Bewegungsausführung gelingt es ihm, diese Vorstellung in einen gelungenen Sprung umzusetzen (Befriedigung des Kontrollbedürfnisses), bei dem er das positive Erlebnis der Flugphase spürt (Befriedigung des Lustbedürfnisses). Nach dem gelungenen Sprung klatschen seine Mitschüler, und der Lehrer klopft ihm anerkennend auf die Schulter (Befriedigung des Bedürfnisses nach Beziehung und des Selbstwertbedürfnisses). Die Erinnerung an dieses Erfolgserlebnis ist so stark, dass er zu Hause sofort seinen Eltern davon erzählt. Als der Lehrer in einer der nächsten Sportstunden erklärt, dass es nun wieder um Bockspringen gehe, ist er begeistert (positives motivationales Priming), und erwartungsgemäß gelingt ihm die Bewegung dieses Mal noch besser. Für ihn steht fest: ›Bockspringen ist super!‹*

In Variante b wird der umgekehrte Vorgang beschrieben. Der Schüler hat trotz der Bewegungserläuterung des Lehrers keine bzw. nur eine sehr diffuse Bewegungsvorstellung (Verletzung des Kontrollbedürfnisses). Als er nun den Sprung versucht, kommt er schon am Sprungbrett ins Stolpern, schlägt sich beim Nach-vorne-Fallen die Brust am Bock an (Verletzung des Kontrollbedürfnisses und des Bedürfnisses nach Unlustvermeidung). Seine Mitschüler lachen, der Lehrer ergänzt: ›Ja, so schaffst du das nie!‹ (Verletzung des Beziehungs- und des Selbstwertbedürfnisses). Auf die Frage seiner Eltern am Abend, wie die Sportstunde war, gibt er ausweichende Antworten. Als der Lehrer in einer der nächsten Sportstunden erklärt, dass es nun wieder um Bockspringen gehe, möchte er sich am liebsten verdrücken (negatives motivationales Priming), und erwartungsgemäß gelingen ihm die Bewegung dieses Mal noch weniger. Für ihn steht fest: ›Bockspringen ist schrecklich!‹«

Die Befriedigung bzw. Nichtbefriedigung der psychischen Grundbedürfnisse trägt entscheidend zum Aufbau motivationaler Annäherungs- bzw. Vermeidungsschemata bei. Bildungsprozesse sollten somit weitgehend darauf ausgerichtet sein, die Entwicklung von Annäherungsschemata zu unterstützen. Demnach müssen sie immer die Befriedigung der psychischen Grundbedürfnisse anstreben. Ausschlaggebend ist dabei der Umgang mit Inkongruenzsituationen, der nach Grawe (2004, S. 230 ff.) entscheidend zur Befriedigung bzw. Nichtbefriedigung des Grundbedürfnisses nach Orientierung/Kontrolle beiträgt. Dieses Grundbedürfnis betrachtet Grawe in Anlehnung an Epstein als »das grundlegendste Bedürfnis des Menschen« (2004, S. 230). Kontrolle über das eigene Leben zu haben sieht er als unabdingbare Voraussetzung für die Befriedigung der anderen Grundbedürfnisse.[5] Der Befriedigung des Kontrollbedürfnisses kommt daher eine zentrale Bedeutung für Wohlbefinden, (psychische) Gesundheit und Leistungsfähigkeit zu. Entscheidend ist hierbei, auf welche Art und Weise Inkongruenzsituationen bewältigt werden. Gelingt es, diese im Sinne der eigenen Zielsetzungen positiv zu beeinflussen, werden positive Kontrollerfahrungen aufgebaut. Werden Inkongruenzsituationen als unkontrollierbar erlebt, kommt es zum Aufbau von negativen Kontrollerfahrungen. Das Leben erscheint dann als unberechenbar, unbewältigbar und oft auch als sinnlos.[6]

Die Bewältigung/Nichtbewältigung von Inkongruenzen hat wiederum direkte Auswirkung auf die Befriedigung oder Nichtbefriedigung der weiteren psychischen Grundbedürfnisse. Dadurch wird außerdem die Ausbildung von Annäherungs- oder Vermeidungsmotivationen gegenüber dem entsprechenden (Lern-)Gegenstand beeinflusst. Die Entwicklung motivationaler Annäherungsschemata über (kontroll)bedürfnisbefriedigende Erfahrungen bzw. von motivationalen Vermeidungsschemata

---

5 Vergleichbare Überlegungen spielen auch in anderen psychologischen Konstrukten eine zentrale Rolle, etwa bei Banduras (1977) Überlegungen zur Selbstwirksamkeitserwartung.
6 Antonovsky (1997) hat dies, aus einer anderen Denktradition kommend, in seinem »Salutogenese«-Ansatz mit dem Konstrukt des »Sense of Coherence« beschrieben.

über (kontroll)bedürfnisverletzende Erfahrungen spielt bei der Betrachtung nachhaltiger Motivation eine entscheidende Rolle.

Abb. 2: Modell der »Konsistenztheorie« nach Klaus Grawe (2004)

Zusammenfassend lässt sich festhalten: Der kontrollierbare bzw. unkontrollierbare Umgang mit Inkongruenzsituationen trägt entscheidend zur Befriedigung bzw. Verletzung des Grundbedürfnisses nach Orientierung und Kontrolle bei. Da diesem Grundbedürfnis ein zentraler Einfluss auf die anderen Grundbedürfnisse zukommt, wirkt sich dies direkt auf deren Befriedigung bzw. Nichtbefriedigung und somit auf den Aufbau motivationaler Annäherungs- bzw. Vermeidungsschemata aus. Daraus kann abgeleitet werden, dass die Fähigkeit, individuell bedeutsame Ziele erfolgreich zu realisieren, einen zentralen Schlüssel für psychische Gesundheit, Wohlbefinden und die Entwicklung von Annäherungsmotivation darstellt. Daher ist es das zentrale Anliegen des HKTs, Menschen Selbststeuerungskompetenzen an die Hand zu geben, die sie in ihrem Zielstreben erfolgreich unterstützen. Wie dabei bewusste und unbewusste Prozesse zusammenspielen, soll im Folgenden näher betrachtet werden.

2.2.3 Das Zusammenspiel bewusster und unbewusster Prozesse

Bei der Frage der theoretisch fundierten Darstellung des Zusammenwirkens bewusster und unbewusster psychischer Prozesse beziehen wir uns in erster Linie auf die »Persönlichkeits-System-Interaktions-Theorie« (PSI-Theorie) von Julius Kuhl

(2001)[7]. Kuhl geht davon aus, dass dem Menschen vier (Gehirn-)Systeme zur Verfügung stehen, die miteinander interagieren und es so ermöglichen, die Welt zu erfassen und zu verarbeiten.

Für die theoretische Fundierung des HKTs sind zwei dieser Systeme von besonderer Relevanz: das Intentionsgedächtnis (IG) und das Extensionsgedächtnis (EG). Das IG ist zuständig für unsere bewussten, logisch-analytischen Denkprozesse. In ihm werden Pläne und Absichten gespeichert und geplante Handlungsschritte vorbereitet. Das EG umfasst ein ausgedehntes assoziatives Netzwerk, das alle biografischen Erfahrungen, Bedürfnisse, Normen und Ziele einer Person enthält. Seine Verarbeitungsform ist parallel und ganzheitlich und ermöglicht so die gleichzeitige Berücksichtigung und Integration vieler Einzelaspekte. Seine Arbeitsweise ist im Gegensatz zu der des IGs weitgehend nicht sprachlich und unbewusst. Kuhl weist ausdrücklich darauf hin, dass es sich beim EG um ein hochintelligentes System handelt, das auf der höchsten erreichbaren Integrationsebene arbeitet und für alle menschlichen Handlungs- und Entscheidungsprozesse unabdingbar ist. Aufgrund seiner nicht sprachlichen Arbeitsweise erfolgt der Zugang nur über die körperlich-emotionale Ebene. Dabei spielen die Affekte und Emotionen eine wichtige Rolle, was im folgenden Abschnitt näher dargestellt wird.

Zusammenfassend lassen sich in Anlehnung an Maja Storch (2009) IG und EG folgendermaßen darstellen:

	IG	EG
Verarbeitungsebene	bewusst	unbewusst
Funktion	denken	fühlen
Code	verbal	somato-affektiv
Bewertung	analytisch	ganzheitlich
Arbeitsgeschwindigkeit	langsam	schnell
Veränderungsgeschwindigkeit	schnell	langsam

Abb. 3: Gegenüberstellung IG – EG

---

7 Mit Kuhl orientieren wir uns dabei an einer aktuellen persönlichkeits- und motivationspsychologischen Theorie, die auch neurobiologische Aspekte mit einbezieht. Es sei darauf hingewiesen, dass auch andere Autoren sich mit dieser Fragestellung befassten. So postuliert Epstein (1993; 1994) in seiner »Cognitive-Experiental Self-Theory« (CEST) zwei unterschiedliche psychische Verarbeitungssysteme, die jeweils nach eigenen Gesetzmäßigkeiten arbeiten: ein kognitiv-rationales System (*cognitive*) und ein emotional-erlebnismäßiges System (*experiential*). An anderer Stelle (Epstein/Brodsky 1994) werden die beiden Systeme als »rationaler Verstand« und »Erfahrungsverstand« bezeichnet und in ihren charakteristischen Eigenarten einander gegenübergestellt. Knörzer (1994) verweist in Bezug auf Bateson auf die Notwendigkeit, bei Lernprozessen neben der logisch-analytischen, »digitalen« Seite gleichberechtigt die emotional-affektive, »analoge« Seite zu berücksichtigen.

2.2.4 Die Bedeutung der Affekte

Nachhaltige Motivations- und Lernprozesse sind auf einen gelungenen Dialog zwischen den beiden zuvor beschriebenen Gedächtnisarten IG und EG angewiesen (Storch 2009; Kuhl 2001, S. 139 ff.). Hierfür ist es notwendig, den Zugang zur jeweiligen Gedächtnisart zu finden. Beim IG ist dies insofern einfach, als dessen Verarbeitungscode die Sprache ist. Ein Zugang über die Sprache ist also grundsätzlich möglich. Beim EG ist der Verarbeitungscode somato-affektiv, d. h. es gilt, einen Zugang über die körperlich-emotionale Ebene zu finden. Dies gelingt über »somatische Marker« (Damasio 1994), d. h. körperlich-affektive Wahrnehmungen. Über sie bekommt man einen bewussten Zugang zu dem reichen Erfahrungsschatz des EGs. Somatische Marker sind Bewertungssignale aus dem unbewusst arbeitenden EG, die einen starken Einfluss auf das aktuelle Denken und Verhalten eines Menschen ausüben. Jede im EG abgespeicherte Lebenserfahrung und -situation wird dort auf der Basis eines binären Codes danach beurteilt, ob sie für den Menschen positiv war und deshalb in Zukunft wieder aufgesucht werden sollte oder ob sie negativ war und deshalb in Zukunft vermieden werden sollte. Entsprechend werden diese Gedächtnisinhalte im EG mit einem positiven oder einem negativen somatischen Marker (Bewertungssignal) versehen. Wird der Mensch mit einer ähnlichen Situation konfrontiert, wie er sie bereits früher schon einmal erlebt hat, sendet das EG blitzschnell auf der Basis der früheren Erfahrung einen positiven oder negativen somatischen Marker, der sich dem Menschen als Körperempfindung oder als Emotion vermittelt und ihn entsprechend dem Vorzeichen (+ oder –) dieser Empfindung in seinem Denken und Handeln annähernd oder vermeidend der aktuellen Situation gegenüber ausrichtet.

Ein typischer somatischer Marker ist etwa das »Bauchgefühl«, das uns bei bestimmten Entscheidungen leitet. Somatische Marker sind jedoch nicht nur im Bauchraum angesiedelt. Sie können im ganzen Körper wahrgenommen werden. So spüren wir die Last der Verantwortung auf unseren Schultern, unser Herz hüpft vor Freude, wenn wir einen geliebten Menschen treffen, oder es entsteht ein Druck auf der Brust, wenn wir an unsere nächste Prüfung denken.

In unserem Beispiel aus dem Sportunterricht (vgl. Kap. 2.2.2) bedeutet dies, dass der Schüler über seine gesammelten Erfahrungen mit dem Bockspringen entweder eine affektiv positive Einstellung zum Bockspringen gewonnen hat oder eine ablehnende, die ihn zukünftig in seinem Denken und Handeln bezüglich dieser sportlichen Tätigkeit stark leiten wird.

Für einen optimalen Entwicklungsprozess ist es notwendig, sowohl die Prozesse im IG als auch im EG gleichermaßen zu berücksichtigen. Dabei kommt den Affekten auf unbewusster Ebene eine zentrale Funktion bei der Steuerung der Kognitionen zu. Jeder Lernprozess hat somit einen kognitiven und einen affektiven Anteil. Wer in bestimmten Lernsituationen positive, bedürfnisbefriedigende Erfahrungen gemacht hat und diese entsprechend im EG als positiv (mit einem positiven somatischen Marker versehen) abgespeichert hat, wird sich wieder auf ähnliche Herausforderungen einlassen. Hat die Handlungsperson dagegen in der Auseinandersetzung mit einer bestimmten Lernsituation negative, bedürfnisverletzende Erfahrungen gesammelt, schlägt sich dies in einem negativ besetzten Gedächtnisinhalt im EG nieder. Die Person wird zukünftig vergleichbare Situationen eher vermeiden.

Grundlegend für beide Prozesse ist der Grad der Bedürfnisbefriedigung. Werden die psychischen Grundbedürfnisse umfassend befriedigt, entwickelt sich ein motivationales Annäherungsschema, werden sie verletzt, ein motivationales Vermeidungsschema. Beide sind stabil im EG verankert und beeinflussen nachhaltig weitere Lernprozesse. Im nachfolgenden Modell ist dies schematisch dargestellt:

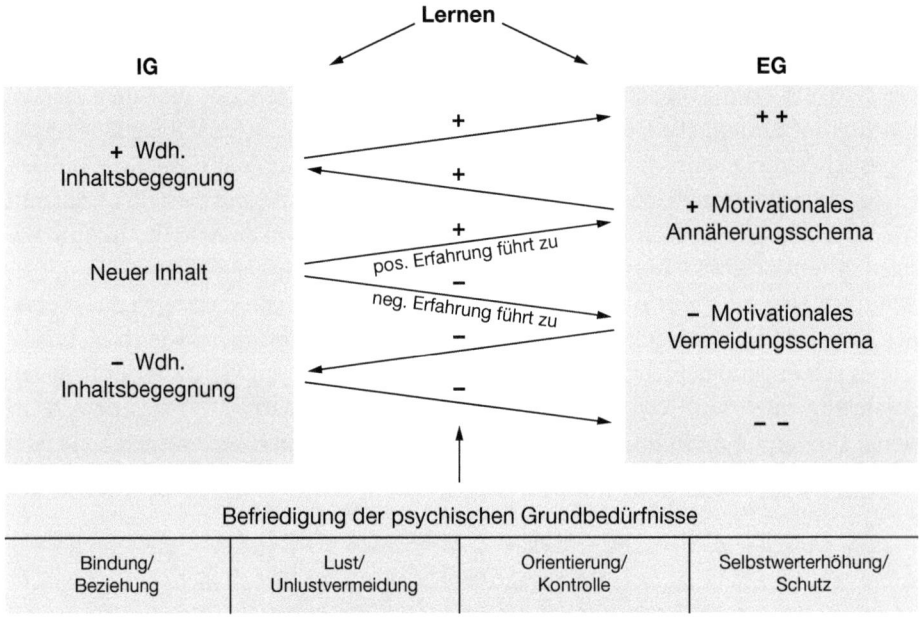

Abb. 4: Entwicklung motivationaler Annäherungs- und Vermeidungsschemata (vgl. Knörzer/Rupp 2010; Knörzer 2011a; Rupp 2011a)

Zusammenfassend lässt sich festhalten: Die Art, wie eine Person Inkongruenzsituationen bewältigt, trägt entscheidend zur Befriedigung ihres Grundbedürfnisses nach Orientierung und Kontrolle bei. Als grundlegendes Bedürfnis hat dies direkte Auswirkungen auf den Grad der Befriedigung oder Nichtbefriedigung aller psychischen Grundbedürfnisse und beeinflusst somit auch den Aufbau motivationaler Annäherungs- oder Vermeidungsschemata nachhaltig.

Für den pädagogischen Kontext bedeutet dies, Menschen bei der Ausbildung von Kompetenzen zu unterstützen, die sie befähigen, Inkongruenzsituationen kontrolliert zu bewältigen und ihre für sie bedeutsamen Zielsetzungen zu realisieren. Nur dann findet Bedürfnisbefriedigung mit all ihren positiven Auswirkungen auf Gesundheit, Wohlbefinden und Leistungsfähigkeit statt (Rupp 2009; 2011a), und es kommt zur Ausbildung motivationaler Annäherungsschemata. Diese Ausrichtung gilt als grundlegendes Prinzip einer ressourcenorientierten Pädagogik.[8] Wir verstehen das HKT in diesem Sinne als praktischen Beitrag zu einer solchen ressourcenorientierten Pädagogik, unterstützt es doch Menschen dabei, Inkongruenzsituationen kontrollierbar zu halten. Über die Vermittlung grundlegender mentaler Strategien und Kompetenzen, die Menschen bei der erfolgreichen Umsetzung ihrer (ambitionierten) Ziele unterstützen, wird die Befriedigung des Bedürfnisses nach Orientierung und Kontrolle (Grawe 2004) bzw. eine Verbesserung der Selbstwirksamkeitsüberzeugung im Sinne Banduras (1977) angestrebt. Das Selbstwertgefühl / Selbstbewusstsein steigt, und die Menschen lassen sich mit einer größeren Offenheit auf Inkongruenzsituationen / Herausforderungen ein. Um die dabei notwendigen Verankerungen sowohl in den bewussten wie auch unbewussten Anteilen zu initiieren, werden im HKT immer sowohl logisch-rationale (digitale) wie auch bildhaft-metaphorische, körperlich-emotionale (analoge)[9] Prozesse und Methoden mit einbezogen.

Somit lässt sich das übergeordnete Ziel des HKTs folgendermaßen definieren:

> Wir verstehen das HKT als ein psychoedukatives Verfahren, das Menschen befähigen soll, Inkongruenzsituationen kontrollierbar zu bewältigen. Die damit verbundene Bedürfnisbefriedigung unterstützt den Aufbau motivationaler Annäherungsschemata und fördert dadurch die weitere Entwicklung der Potenziale der Menschen. Dabei werden immer sowohl digitale als auch analoge Prozesse berücksichtigt.

2.2.5 Das »Rubikon-Modell«: Orientierungsrahmen des HKT-Prozesses

Als theoretische Grundlage für den Ablauf des HKTs dient das in der Motivations- und Handlungspsychologie weitverbreitete Rubikon-Modell. Wir orientieren uns dabei an dem von Storch und Krause (2007, S. 63–81) in Anlehnung an Grawe (2000) erweiterten Modell von Heckhausen und Gollwitzer.[10] In diesem als »Rubikon-Prozess« beschriebenen Modell werden vier Phasen unterschieden.

Beim »Rubikon-Modell« »handelt es sich um ein motivationspsychologisches Modell zielrealisierenden Handelns« (Storch / Krause 2007, S. 63). Das Modell beschreibt Phasen, die ein Wunsch durchlaufen muss, bevor er durch Willenskraft aktiv in eine Handlung umgesetzt werden kann. In seiner ursprünglichen Form beinhaltet das »Rubikon-Modell« vier Phasen. Zu Beginn steht die Motivationsphase, in der zwischen

---

8 Neben allgemeinen Erziehungsüberlegungen (Klemenz, 2007), wurde dies in jüngster Zeit für den Bereich der Sportpädagogik (Knörzer / Rupp 2009 und 2010; Knörzer, 2011a; Rupp, 2011a) sowie Gesundheitspädagogik (Knörzer 2011b und Rupp 2011b) aufgezeigt.
9 Die Unterscheidung in digitale und analoge Prozesse erfolgt in Anlehnung an Bateson (1987)
10 Das ursprüngliche Modell von Heckhausen und Gollwitzer (aktuelle Beschreibung bei Achtziger / Gollwitzer 2009) beschreibt den zielrealisierenden Motivations- und Handlungsprozess in vier Phasen: 1. Motivation; 2. Volition präaktional; 3. Volition aktional; 4. Motivation postaktional.

verschiedenen Zielen abgewogen wird, bis schließlich eine Intention feststeht. Darauf folgt die handlungsvorbereitende Phase, in der die Durchführung des Ziels geplant wird. Die dritte Phase beinhaltet die eigentliche Handlungsausführung, gefolgt von der abschließenden Bewertung der Handlung im Hinblick auf das ursprüngliche Ziel.

Heckhausen und Gollwitzer (Achtziger / Gollwitzer 2009) nehmen die historische Episode der Rubikonüberschreitung durch Julius Caesar im Jahre 49 v. Chr. als Metapher[11], um den Weg von einer Absichtsentwicklung zur gewollten Handlung zu beschreiben. In Anlehnung daran bezeichnen Storch und Krause in ihrem »Rubikon-Prozess-Modell« die Motivationsphase links des Rubikons als Abwägeprozess zwischen unbewussten Bedürfnissen und bewussten Motiven, die untereinander jedoch im Widerspruch stehen können. Liegt ein solcher Motivkonflikt vor, muss so lange zwischen den verschiedenen Motiven abgewogen werden, bis eine emotional positiv bewertete Lösung gefunden wird. Nur mit der Wahrnehmung positiver Gefühle kommt es zur Intentionsbildung und damit zur Überschreitung des Rubikons. Über bewusste Zielbildung (Intention) wird in der nächsten Phase (präaktional) die eigentliche Handlung vorbereitet und anschließend real durchgeführt.

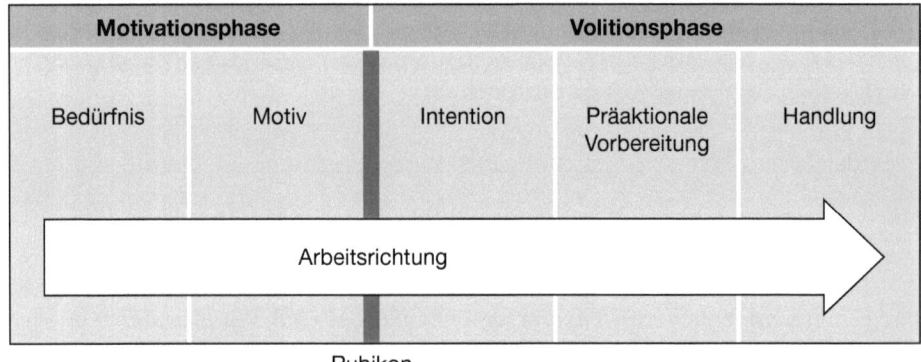

Abb. 5: Der »Rubikon-Prozess« nach Storch / Krause (2007, S. 65)

Die klar abgegrenzte Unterscheidung in Motivations- und Volitionsprozesse[12] ist dabei nicht nur von theoretischem Interesse. Sie ist vielmehr sehr hilfreich bei der Einordnung psychoedukativer Programme und Interventionen. Mit dem Blick auf das »Rubikon-Modell« lässt sich das HKT klar einordnen. Das HKT ist in seiner Funktion

---

11 Caesar stand mit seinen Legionen nördlich des Flusses »Rubikon« und überschritt mit den Worten »Alea iacta est!« (»Der Würfel ist gefallen!«) gegen das ausdrückliche Verbot des Senats den Grenzfluss – wohl wissend, dass es danach für ihn kein Zurück mehr gab und ein Bürgerkrieg unausweichlich war.

12 Die Motivationsphase (links des Rubikons) ist die Phase des Abwägens. Erst mit der Überschreitung des Rubikons wird die eigentliche Handlungsphase eingeleitet. Hier kommt der Wille zur Handlung, das Wollen, die Volition zum Tragen. Es kommt zu einer Ausblendung anderer Möglichkeiten zugunsten der gewollten zielführenden Handlung.

nicht als Motivationsprogramm, sondern als Volitionsprogramm zu verstehen, d. h ein Programm, das den Willen zur zielrealisierenden Handlung stärkt und den Umsetzungsweg aufzeigt. Es kann somit in erster Linie auf der rechten Seite des Rubikons verortet werden.

Bei der Entwicklung des HKTs war es von Anfang an unser Bestreben, Menschen bei ihrem Zielerreichungsprozess zu unterstützen, indem wir sie befähigen, Inkongruenzen kontrollierbar zu lösen. Damit ist das Programm für Personen geeignet, die die Entscheidung für ein bewusstes Ziel bereits getroffen haben (z. B. eine Prüfung zu bestehen, eine Klausur erfolgreich zu schreiben, eine Präsentation sicher zu gestalten). Dies setzt den erfolgreichen Abschluss des motivationalen Abwägungsprozesses (den Schritt über den Rubikon) voraus. Das HKT setzt im ersten Teil der Volitionsphase (Intention) an, in der es darum geht, die oft sehr allgemeine und vage erste Zielbenennung nach bestimmten Kriterien in exakte *(SMART)* und metaphorische (Motto) Zielformulierungen auszudifferenzieren. Die konkrete Umsetzung der so formulierten Ziele wird in der zweiten, der präaktionalen Volitionsphase, vorbereitet.

Hier steht die Ressourcenaktivierung im Mittelpunkt, die wir im HKT in zwei Schritten durchführen. Zum einen geht es um die Aktivierung der Ressource »Konzentrationsfähigkeit«, die wir als Metaressource bei allen Zielerreichungsprozessen für notwendig halten. Zum anderen sollen die bereits vorhandenen persönlichen Ressourcen der einzelnen Personen aktiviert werden – und zwar speziell diejenigen, die ihnen dabei helfen können, ihr persönliches Ziel zu erreichen. Die präaktionale Phase wird durch den Prozess der Zielintentionsabschirmung abgeschlossen. Der durch Zielformulierung und Ressourcenaktivierung vorbereitete Handlungsprozess soll dadurch gegen mögliche Störungen abgeschirmt werden. Abschließend kann die geplante Zielerreichungshandlung erfolgen. Hier stehen die präaktional vorbereiteten Ressourcen im Handlungsprozess zur Verfügung und unterstützen die erfolgreiche Realisierung der angestrebten Zielstellung. Im »Rubikon-Prozess-Modell« lässt sich der HKT-Prozess somit folgendermaßen einordnen:

HKT im Rubikon-Prozess

Motivationsphase		Volitionsphase		
Bedürfnis	Motiv	Intention	Präaktional	Handlung
		1. Ziele formulieren: MOTTO-Ziele SMART-Ziele	2. u. 3. Ressourcenaktivierung: Konzentration Stärken stärken	
			4. Intentionsabschirmung Wenn-dann-Pläne	

Rubikon

Abb. 6: Die Verortung der vier HKT-Teilschritte im »Rubikon-Prozess«

Damit wird der Anwendungsrahmen des HKT-Programms ersichtlich. Das Training kann Menschen, die bereits ein konkretes Ziel vor Augen haben, bei einer bewussten und kontrollierten Zielrealisierung unterstützen. Aufgrund der klar definierten Begrenzung des HKTs kann das Programm in unterschiedlichen Kontexten und mit unterschiedlichen Zielgruppen durchgeführt werden. Es ist nicht auf motivationale Klärungsprozesse links des Rubikons ausgerichtet und bleibt damit weniger geeignet für die Anwendung bei Personengruppen, die sich noch im Prozess der persönlichen Zielfindung befinden. Hier müssen andere Konzepte zur Anwendung kommen, wie beispielsweise das »Züricher Ressourcen-Modell« (ZRM) oder das Schulfach »Glück«. Allerdings lässt sich das HKT erfolgreich in solche umfassenden Konzeptionen integrieren, wie dies gerade im Schulfach »Glück« geschehen ist (Fritz-Schubert 2008, S. 109–119).

2.2.6 Outcome-Standardisierung

Die Standardisierung des HKTs soll eine vergleichende Evaluation der Ergebnisse ermöglichen und gleichzeitig Möglichkeiten der flexiblen Anpassung der Bedingungen an jeweilige Zielgruppen bereitstellen. Eine Lösung fand sich in der Abkehr der ursprünglichen inhaltlich-methodischen Input-Standardisierung hin zu einer klaren Outcome-Standardisierung. Mit dieser Entwicklung wurden wesentlichen Ideen der aktuellen pädagogischen Diskussion aufgegriffen (Rolff 2004; Helmke 2008).

Outcome-Orientierung heißt, vom Ziel her zu denken. Das Ziel muss dabei so formuliert werden, dass es klar erkennbar ist und erreicht werden kann. Im HKT haben wir folgendes Ziel formuliert: »Ziel des HKT ist es, Menschen zu befähigen, Inkongruenzsituationen kontrollierbar zu lösen.«

Im Sinne der Outcome-Orientierung müssen nun Merkmale benannt werden, an denen wir erkennen, ob dieses Ziel erreicht wurde. Im HKT haben wir vier Merkmale definiert:

1. Ziele formulieren
2. sich konzentrieren
3. seine Stärken aktivieren
4. die Zielintention gegenüber Störungen abschirmen

Diese Merkmale kennzeichnen gleichzeitig die vier Teilschritte jedes HKT-Trainings und können als evaluierbare Teilziele ausformuliert werden:

1. Ziele nach Zielkriterien formulieren und die Zielerreichung mental erleben können
2. die Zugangswege zur Konzentration kennen und sich konzentrieren können
3. seine Stärken kennen und diese bewusst aktivieren können
4. Lösungsstrategien für mögliche Störungen formulieren und Möglichkeiten der mentalen Abschirmung anwenden können

Eine weitere Ausdifferenzierung der Teilziele nach Merkmalen, Indikatoren und Messinstrumenten erfolgt in Anlehnung an das von Amler, Bernatzky und Knörzer (2006, S. 79 ff.) entwickelte Evaluationsmodell. Dieses Modell ermöglicht es, in vier Schritten eine Evaluation durchzuführen. Modifiziert für das HKT, sieht das Modell so aus:

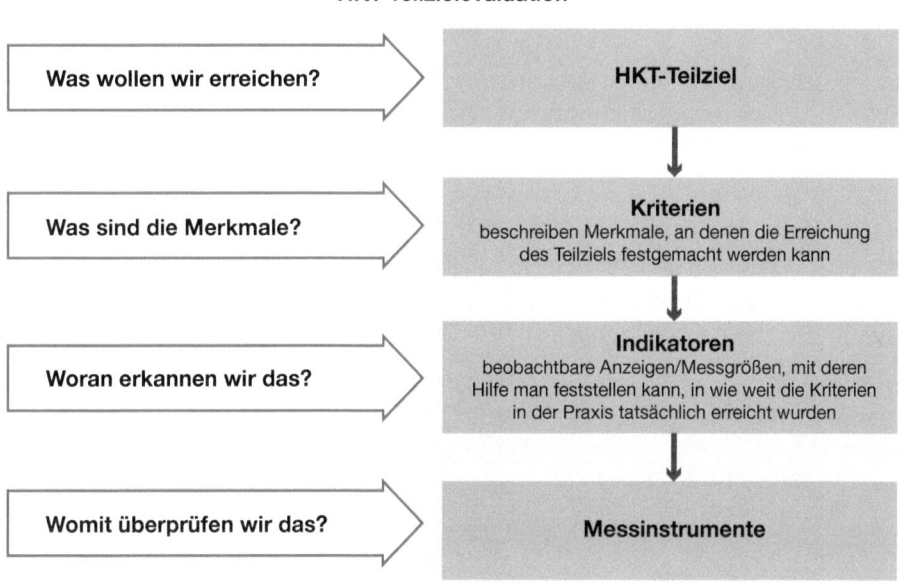

Abb. 7: HKT-Teilzielevaluation

Die Anwendung dieses Modells in Bezug auf die vier HKT-Teilziele findet sich zu Beginn des Kapitels, das sich mit dem jeweiligen Teilschritt beschäftigt. Auf der Grundlage dieser Outcome-Konzeptbildung können HKT-Programme für unterschiedliche Zielgruppen und in unterschiedlichen Kontexten entwickelt werden.

Teil II: HKT in der Praxis

Einführung

Nachdem wir Ihnen im ersten Teil unseres Buches das Konzept des HKTs vorgestellt haben, geht es nun darum, Sie in die Praxis des HKTs einzuführen. Zunächst erläutern wir, wie Sie ein HKT generell aufbauen können. Danach werden wir die vier Teilschritte des HKTs ausführlich beschreiben. Teil II wird abgeschlossen mit Fallbeispielen aus den verschiedenen Anwendungsfeldern des HKTs.

Die Rahmenbedingungen eines HKTs

Das Heidelberger Kompetenztraining wurde als psychoedukatives Verfahren entwickelt, mit dem Ziel, Menschen zu befähigen, Herausforderungssituationen erfolgreich zu bewältigen. Kam es zunächst in den klassischen pädagogischen Feldern wie Schule und Hochschule zur Anwendung, wird es nun zunehmend auch in anderen Feldern, etwa im Bereich der Gesundheitsförderung, angewandt. Die Breite der Anwendung wird durch den ergebnisorientierten Aufbau des HKTs ermöglicht. Dieser erlaubt es, das Training flexibel an die Zielgruppe, die zeitlichen Rahmenbedingungen und unterschiedliche Teilnehmerzahlen anzupassen. Dabei gilt, dass jeder HKT-Prozess nach dem Prinzip der **vier HKT-Teilschritte** erfolgt:

1. Ziele formulieren
2. sich konzentrieren
3. seine Stärken aktivieren
4. die Zielintention abschirmen

Die einzelnen Schritte werden dabei als Teilziele verstanden, die es zu erreichen gilt. Wie dies im Einzelnen erfolgen kann, finden Sie ausführlich in den folgenden Kapiteln beschrieben.

Zeitrahmen

Der **Zeitrahmen für den HKT-Prozess** kann zwischen zwei Stunden – etwa bei einem Einzelcoaching nach dem HKT-Prinzip – und fünf Tagen – bei einem Qualifizierungsseminar für HKT-Anleiter/innen – variieren. Bewährt hat sich bei der Praxisanwendung in Gruppen (etwa Schulklassen) ein Minimum von vier Sitzungen von jeweils einer bis eineinhalb Stunden. Im Kapitel »Praxisbeispiele« finden Sie unterschiedliche Varianten ausführlich beschrieben.

Gruppengröße

Bei Gruppentrainings sind **Gruppengrößen** von acht bis 14 Teilnehmern ideal. HKTs lassen sich aber auch mit größeren Gruppen bis zu 30 Personen durchführen – etwa mit Schulklassen, im Bereich der betrieblichen Gesundheitsförderung und in der Fortbildung.

Material

Der Aufwand an **Materialien und Medien** bei einem HKT kann gering gehalten werden. Zur **Visualisierung** können neben den klassischen Medien wie Flipchart, Pinnwand, Wandtafel und Overhead-Projektor auch elektronische Visualisierungshilfen wie Beamer oder Whiteboard zum Einsatz kommen. Die einfachste Form, den HKT-Prozess zu visualisieren, erfolgt über den HKT-Baum. Dieser gibt als Arbeitsblatt, Folie und/oder Poster einen eingängigen Überblick über den HKT-Prozess und dient darüber hinaus im Sinne eines Advance Organizer (Wahl 2006) der Orientierung in diesem Prozess:

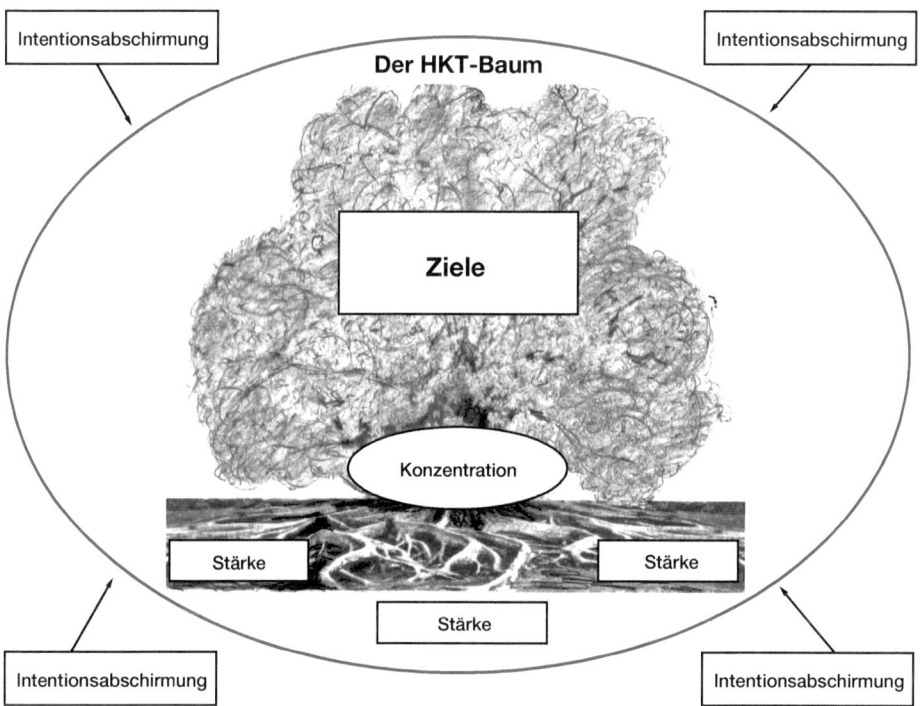

Abb. 8: Der HKT-Baum als visuelle Orientierunghilfe im HKT-Prozess

Die Teilnehmer am Training erhalten zur Unterstützung ihrer persönlichen Erarbeitungen **Arbeitsblätter**, deren Anzahl je nach Komplexität des HKT Trainingsaufbaus variiert. Die entsprechenden Kopiervorlagen finden Sie gesammelt im Anhang.

Schließlich kann zur Unterstützung der mentalen Visualisierungsübungen einfache **Entspannungsmusik** mit einem entsprechenden **Abspielgerät** eingesetzt werden.

Methodik

Die **Methodik** jedes HKT sollte erlebnisorientiert sein. Neben der (verbalen) Vermittlung theoretischer Inhalte und Grundlagen sollen die Teilnehmer den HKT-Prozess praktisch durchlaufen und so dessen Wirkungen am eigenen Leib spüren. Dabei basiert das HKT immer auf einer Verbindung von logisch-rationalen (digitalen) und bildhaft-metaphorischen, körperlich-emotionalen (analogen) Prozessen. Die Ergebnisse der einzelnen Arbeitsschritte halten die Teilnehmer im Arbeitsblatt »HKT-Baum leer« fest (vgl. KV 2). Am Ende des Prozesses haben sie so ihr persönliches Ergebnis als Erinnerungshilfe (den individuell ausgefüllten HKT-Baum) auf einen Blick.

> **Auf den Punkt gebracht: Die Rahmenbedingungen eines HKT**
>
> - Die *Dauer* eines HKT variiert zwischen zwei Stunden und fünf Tagen. Für die Arbeit mit Gruppen hat sich ein (Minimal-)Umfang von vier Terminen à 60 bis 90 Minuten bewährt.
> - Die ideale *Gruppengröße* umfasst acht bis 14 Teilnehmer. Je nach Zielgruppe kann die Gruppengröße aber auch deutlich größer sein.
> - Jedes Training erfolgt in den *vier HKT-Schritten*, die je nach zeitlichem Umfang des Trainings mehr oder weniger ausführlich bearbeitet werden.
> - Die *Vermittlungsmethodik* erfolgt erlebnisorientiert, und zwar so, dass gleichermaßen logisch-rational erfassbare wie auch bildhaft metaphorische und körperlich-emotionale Inhalte und Methoden zum Einsatz kommen. Als Orientierungs- und Organisationshilfe dient dabei der HKT-Baum, der sich im Verlauf des Trainings mit den Arbeitergebnissen des jeweiligen Teilnehmers füllt.
>
>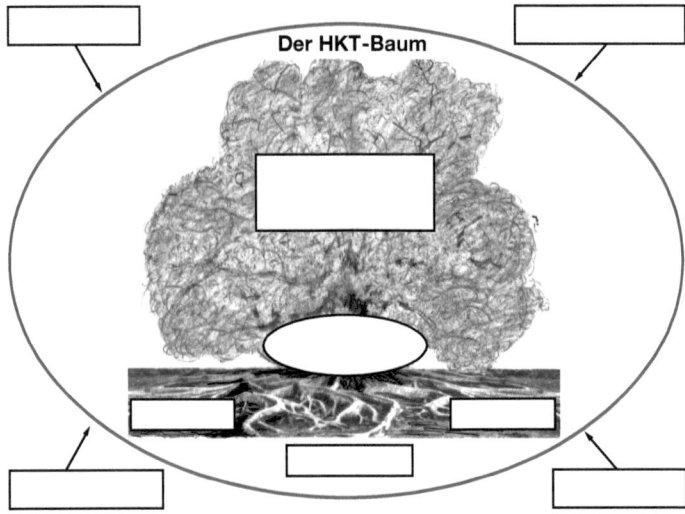
>
> Benötigte Medien sind neben traditionellen bzw. elektronischen Visualisierungshilfen Arbeitsblätter und Entspannungsmusik.

In den folgenden Kapiteln werden die einzelnen HKT-Schritte genauer beschrieben. Jedes Kapitel ist dabei so aufgebaut, dass zunächst der Teilschritt als zu erreichender evaluierbarer Standard beschrieben wird. Danach werden die theoretischen Grundlagen des jeweiligen Schrittes erläutert und anschließend Möglichkeiten aufgezeigt, wie dieser Teilschritt in die Praxis umgesetzt werden kann.

3 Trainingsphase 1: Ziel erarbeiten

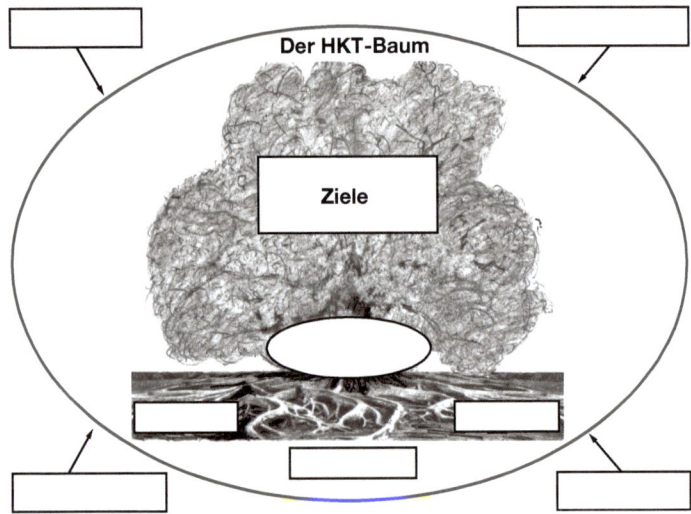

3.1 Standard für die Zielerarbeitungsphase

Im ersten Schritt eines HKT geht es darum, Ziele zu erarbeiten. Entsprechend der Outcome-Orientierung des Trainings definieren wir zunächst einen evaluierbaren Standard, der nach erfolgreichem Abschluss dieser Trainingsphase erreicht wird. Wir folgen dabei der in Kapitel 1 erläuterten Vorgehensweise. Für Trainingsphase 1 ist der Standard folgendermaßen formuliert:

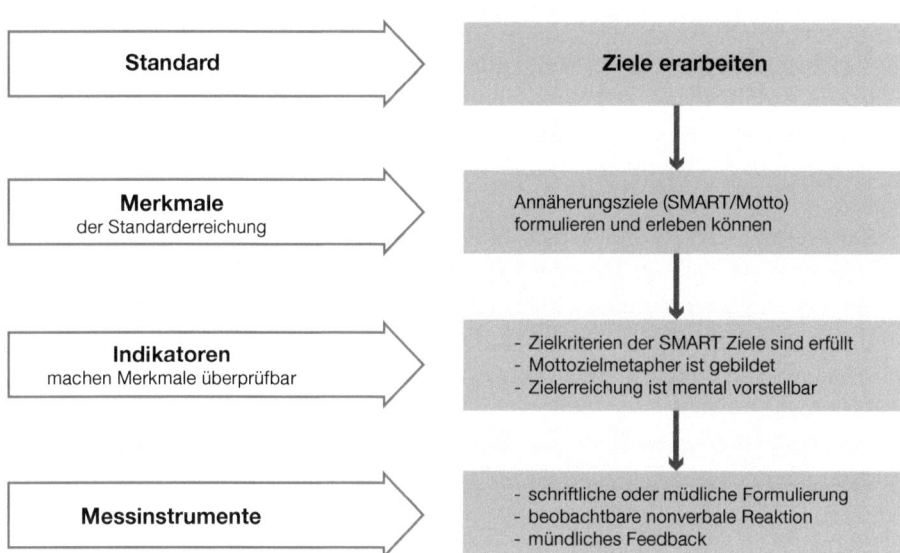

Abb. 9: Standard »Ziele erarbeiten«

Der Standard »Ziele erarbeiten« ist dann erfüllt, wenn die Teilnehmer in der Lage sind, Annäherungsziele anhand von Kriterien zu formulieren und die Zielerreichung zu erleben. Überprüfbar ist dies anhand der Kriterien für die Bildung von SMART-Zielen, anhand der Bildung einer Zielmetapher bei Motto-Zielen und schließlich durch die Fähigkeit, sich die Zielerreichung mental vorstellen zu können. Die Überprüfung erfolgt über schriftliches und mündliches Feedback und über die Beobachtung der nonverbalen Reaktionen, die eine Person zeigt, wenn sie sich die Zielerreichung mental vorstellt.

Für das Verständnis der Relevanz der Zielarbeit erläutern wir im Folgenden zunächst die theoretischen Grundlagen der Zielarbeit. Anschließend zeigen wir Möglichkeiten auf, wie der Standard »Ziele erarbeiten« in der HKT-Praxis erreicht werden kann.

3.2 Theoretische Grundlagen der Zielarbeit

Das zentrale Bestreben des HKTs ist es, Menschen in die Lage zu versetzen, die Verfolgung ihrer Ziele effektiv und erfolgreich zu gestalten. Die konkreten Zielsetzungen der Menschen bilden damit den Ausgangs- und Fixpunkt in jedem HKT-Prozess.

Auch wenn wir im HKT davon ausgehen, dass die HKT-Anwender zu Beginn bereits über ein konkretes Ziel verfügen, startet der HKT-Prozess mit einer Phase der Zielarbeit und nicht bei der Umsetzung der mitgebrachten Zielsetzung. Grundlage hierfür sind Erkenntnisse der Zielpsychologie und der Neurowissenschaften. Diese zeigen, dass durch die Art und Weise, wie Menschen ihre Ziele formulieren, bereits die Weichen dafür gestellt werden, ob der Prozess der Zielerreichung von Erfolg gekrönt sein wird. Daher geht es im ersten Trainingsschritt darum, die meist eher vage formulierten Zielsetzungen der HKT-Anwender mithilfe wissenschaftlich gesicherter (Ziel-)Kriterien und Methoden zu überarbeiten, um so den Grundstein für ein erfolgreiches Zielstreben zu legen.

Entsprechend der methodischen HKT-Grundprinzipien sind bei der Zielarbeit sowohl digitale als auch analoge Denk- und Erlebensprozesse berücksichtigt. Damit werden sowohl das Intentions- als auch das Extensionsgedächtnis bzw. der »rationale Verstand« und der »Erfahrungsverstand«[13] zum Zwecke der erfolgreichen Zielerreichung aktiviert und eingebunden. Dies spiegelt sich auch in den Merkmalen der Standarderreichung wider:

- Ziele nach Zielkriterien exakt formulieren (können) – digitaler, kognitiv-rationaler Zugang zu der eigenen Zielsetzung über den rationalen Verstand
- die Zielerreichung mental erleben (können) – analoger, emotional-erlebnismäßiger Zugang zu der eigenen Zielsetzung über den Erfahrungsverstand

3.2.1 Zielarbeit im digitalen Modus – Ziele nach Zielkriterien exakt formulieren

Der HKT-Prozess beginnt mit der Zielarbeit auf gedanklich-kognitiver Ebene. Dabei sollen die mitgebrachten Zielsetzungen der Trainingsteilnehmenden anhand bestimmter Zielkriterien so formuliert werden, dass sie eine die Zielrealisierung unterstützende Qualität aufweisen. Die hier zum Einsatz kommenden Zielkriterien basieren auf Erkenntnissen der Zielpsychologie, die beschreibt, wie Ziele beschaffen sein müssen, damit sie erfolgreich umgesetzt werden können. Im Folgenden werden die einzelnen Zielkriterien und ihre theoretischen Grundlagen nacheinander besprochen.

---

13 Neben Kuhl (2001) postuliert auch Epstein (1993; Epstein/Brodsky 1994) in seiner »Cognitive-Experiental Self-Theory« (CEST) zwei unterschiedliche psychische Verarbeitungssysteme, die jeweils nach eigenen Gesetzmäßigkeiten arbeiten – ein kognitiv-rationales System (»rationaler Verstand«) und ein emotional-erlebnismäßiges System (»Erfahrungsverstand«). Diese beiden Systeme stimmen in ihrer Funktionsweise in weiten Teilen mit Kuhls IG/EG-Systemen (vgl. Kap. 2.2.2) überein. Da die Bezeichnungen »rationaler Verstand« bzw. »Erfahrungsverstand« sehr eindrücklich die Funktionsweise des jeweiligen Systems beschreiben, möchten wir zum leichteren Verständnis beitragen, indem wir im weiteren Verlauf die bisher verwendete IG-EG-Begrifflichkeiten durch »rationaler Verstand« (IG) und »Erfahrungsverstand« (EG) ersetzen.

Annäherungsziele formulieren

Ziele können grundsätzlich auf zwei verschiedene Arten sprachlich gefasst werden. Möchte ein Schüler beispielsweise in einer guten psychischen Verfassung eine bevorstehende Prüfung angehen, so kann er seine Zielsetzung unterschiedlich verbalisieren. Er könnte sagen: »Ich gehe ohne Angst in die Prüfung«, oder aber auch: »Ich gehe voller Selbstvertrauen in die Prüfung.« Vordergründig scheinen beide Aussagen dasselbe auszudrücken, weshalb die Art der Formulierung gleichgültig scheint. Dass dem nicht so ist, unterstreicht Grawe (2004) mit seinen Ausführungen über Annäherungs- und Vermeidungsziele. Dies sind qualitativ unterschiedliche Zieltypen. »Während es bei Annäherungszielen darum geht, die Diskrepanz zu einem positiv bewerteten Ziel zu verringern, geht es bei Vermeidungszielen darum, die Diskrepanz zu einem negativ bewerteten Ziel zu maximieren« (Grawe 2004, S. 278). Demnach handelt es sich bei der Formulierung »Ich gehe voller Selbstvertrauen in die Prüfung« um ein Annäherungsziel. Es beschreibt den Zustand (Selbstvertrauen), dem man sich nähern möchte und der erreicht werden soll. Dagegen handelt es sich bei der Formulierung »Ich gehe ohne Angst in die Prüfung« um ein Vermeidungsziel. Es beschreibt sprachlich den Zustand (Angst), zu dem man eine Distanz herstellen möchte, den man vermeiden möchte.

Unsere Coaching-Erfahrungen zeigen uns immer wieder, dass der Hang der Menschen zur Formulierung von Vermeidungszielen weitverbreitet ist: »Ich möchte meine Prüfung ohne Blackout überstehen«; »Ich will meine Präsentation ohne Hänger vortragen können«; »Ich will, dass man mir während meines Vorstellungsgesprächs meine Unsicherheit nicht anmerkt«; sind typische Negativformulierungen eigener Zielsetzungen.

Weshalb nun Annäherungsziele (positive Formulierungen) günstiger sind als Vermeidungsziele, beschreibt Grawe folgendermaßen:

> »*Bei Annäherungszielen kann man ein klares Ziel vor Augen haben. Bewegungen auf das Ziel hin kann man relativ gut kontrollieren, weil man weiß, wo es hingehen soll. Vermeidungsziele beinhalten dagegen eine Wegbewegung von etwas. Es gibt kein klares Ziel, das man im Auge haben kann, weil das Ziel negativ definiert ist. Festzustellen, dass etwas nicht da ist, erfordert ein ständiges Monitoring. Man kann nie sicher sein, das Ziel erreicht zu haben, man darf mit der Aufmerksamkeit nicht nachlassen. Bei Annäherungszielen ist es viel leichter zu beurteilen, wie weit man noch vom Ziel entfernt ist und wann man es erreicht hat*« (Grawe 2004, S. 236).

Die bisherigen Ausführungen bezüglich der qualitativen Unterschiede zwischen den beiden Zielarten beziehen sich alle auf den Faktor »Kontrollierbarkeit« der eigenen Zielsetzung. Es lassen sich aber weitere Vorteile der Annäherungsziele bzw. Nachteile der Vermeidungsziele aufführen (Grawe 2004, S. 277 ff.).

So sind Annäherungen an das Ziel meist mit positiven Emotionen verbunden, weshalb Annäherungsziele im engen Zusammenhang mit psychischem Wohlbefinden stehen. Aktivierte Vermeidungsziele sind hingegen von negativen Emotionen und einer ängstlichen Anspannung begleitet. Sie sind daher dem psychischen Wohlbefinden abträglich. Paradoxerweise aktivieren Menschen über Vermeidungsziele unbeabsichtigt das innere Erleben, das sie verhindern wollen. Der wohlwollende Hinweis »Vor der nächsten Mathematikarbeit braucht ihr keine Angst zu haben« aktiviert oft gerade diese Angst.

Vermeidungsziele ermöglichen keine echte Zielerreichung, da sie den Menschen darauf fokussieren, von etwas wegzukommen oder etwas zu vermeiden, aber nicht darauf, etwas zu erreichen. Zudem binden sie die psychische Aktivität und die Aufmerksamkeit an Negatives, sodass diese dann fehlt bzw. nicht für die Verfolgung von Annäherungszielen frei ist. Dies wirkt sich negativ auf die Bedürfnisbefriedigung aus, da wirkliche Bedürfnisbefriedigung nur über die Realisierung von Annäherungszielen erreicht werden kann. So kann beispielsweise eine selbstbewusste Schülerin mit dem Annäherungsziel »Ich werde ein Referat halten und dabei den anderen Schülern zeigen, was ich kann« durch ein gelungenes Referat ihr Selbstwertbedürfnis befriedigen. Dagegen kann eine unsichere Schülerin mit dem Vermeidungsziel »Ich möchte bloß kein Referat halten müssen« zwar ihr Selbstwertbedürfnis vor Verletzungen schützen, da sie die aus ihrer Sicht riskante Situation vermeidet, in der sie sich blamieren könnte. Bedürfnisbefriedigende (hier den Selbstwert erhöhende) Erfahrungen kann sie mit solch einer Vermeidungsausrichtung aber nicht sammeln.

»Aufgrund dieser qualitativen Unterschiede zwischen Annäherungs- und Vermeidungszielen ergibt sich die Schlussfolgerung, dass Vermeidungsziele ungünstige Ziele sind, was die Möglichkeit der Zielerreichung und ihre Funktion für eine gute Bedürfnisbefriedigung angeht« (Grawe 2004, S. 279). Daher wird im HKT ausschließlich mit Annäherungszielen gearbeitet, da nur diese eine effektive Zielerreichung und damit Bedürfnisbefriedigung ermöglichen.

> **Auf den Punkt gebracht: Annäherungs- und Vermeidungsziele**
>
> Vermeidungsziele sind »Weg von«-Ziele, die lediglich aufzeigen, was man nicht möchte, ohne den Weg zu dem aufzuzeigen, was man eigentlich erreichen will. Metaphorisch wird dies in der Episode aus der Bäckerei deutlich: Ein Kunde betritt eine Bäckerei. Auf die Frage der Verkäuferin, was er möchte, antwortet er: »Ich möchte kein Brötchen«. Auf erneutes Nachfragen kommt die Antwort: »Und ich möchte auch keine Brezel«. Nach der Antwort auf die dritte Nachfrage: »Ich möchte auch keinen Kuchen« wird sich die Verkäuferin sicherlich ergebnislos einem neuen Kunden zuwenden. Vermeidungsziele aktivieren häufig genau das mentale Erleben, das es zu vermeiden gilt (»Ich habe in der Prüfung keine Angst.«). Sie sind emotional negativ besetzt und ermöglichen keine aktive Bedürfnisbefriedigung. Annäherungsziele beschreiben genau das, was erreicht werden soll (»Ich gehe voller Selbstvertrauen in die Prüfung.«). Sie sind emotional positiv besetzt. Sie sind eine Voraussetzung für gelungene Bedürfnisbefriedigung und werden dadurch selbst zu persönlichkeitsstärkenden Ressourcen.

Ziele SMART formulieren

Nachdem wir die Notwendigkeit verdeutlicht haben, Ziele stets als Annäherungsziele zu formulieren, möchten wir weitere Kriterien darlegen, denen ein gutes Ziel mit einer optimalen Erfolgsaussicht genügen muss. Die beiden Psychologen Locke und Latham (1990) bündeln ihre empirisch gut abgesicherten Erkenntnisse, um welche Zielkriterien es sich dabei handelt, in dem Akronym SMART. Demnach müssen Ziele, um optimale Aussicht auf Realisierung zu haben, folgenden Kriterien entsprechen:

Specific
Measurable
Attractive
Realistic
Terminated

Diese Kriterien stehen im klaren Gegensatz zu den weitverbreiteten »Do your / my best«-Zielen, die den Menschen kaum Orientierung im Prozess der Zielverfolgung geben und daher oftmals nicht zielführend wirken. So macht es einen großen Unterschied, ob ein Schüler im Vorfeld einer Prüfung sein Ziel, sich gewissenhaft auf die Prüfung vorzubereiten, als »Do my best«-Ziel: »Im Hinblick auf die nächste Prüfung gebe ich alles«; oder als SMART-Ziel formuliert: »Zur Vorbereitung der anstehenden Mathematik-Prüfung werde ich ab kommenden Montag jeden Tag eine Stunde Analysis lernen.« Ein konkret ausgearbeitetes SMART-Ziel richtet die Person im Prozess der Zielverfolgung auf einen angestrebten Punkt hin aus und ermöglicht es ihr, Annäherung an bzw. Abweichungen von der Zielsetzung sofort zu erkennen und entsprechend zu reagieren. Außerdem führt eine solche Zielsetzung zur Planung konkreter Umsetzungsschritte. Damit fungieren konkret ausgearbeitete SMART-Ziele als Führungs- und Prüfgrößen, die die Zielerreichung effektiv unterstützen.

Am Ende der Zielarbeit im digitalen Modus haben die HKT-Anwender unter Berücksichtigung der fünf SMART-Zielkriterien und des Kriteriums »Annäherungsziele formulieren« ihr individuelles Ziel so aus- und umgebaut, dass bereits zu diesem frühen Zeitpunkt der Zielformulierung der Grundstein für eine erfolgreiche Zielerreichung gelegt wird.

3.2.2 Zielarbeit im analogen Modus – die Zielerreichung mental und emotional erleben

Nachdem in einem ersten Schritt mithilfe des bewussten, rationalen Verstandes eine konkrete Zielstellung erarbeitet wurde, geht es in einem zweiten Schritt der Zielarbeit darum, die Zielstellung dem unbewusst arbeiteten Erfahrungsverstand zugänglich zu machen. Durch die zusätzliche Ausrichtung dieses unbewussten, analogen, bild- und emotionsbetonten Systems auf das angestrebte Ziel werden tiefgreifende emotionale und motivationale Prozesse aktiviert, die, bildlich gesprochen, dem Zielstreben der Individuen enormen Rückenwind verleihen.

SMART-Ziele in motivierende Motto-Ziele verwandeln

Zur theoretischen Fundierung der analogen Zielarbeit orientieren wir uns an den Überlegungen und Erkenntnissen, die hierzu im Rahmen des Selbstmanagementtrainings nach dem Züricher Ressourcen Modell (ZRM) entstanden sind und dort zur Entwicklung eines neuartigen Zieltyps geführt haben, den sogenannten »Motto-Zielen« (vgl. Storch 2009; Storch / Olbrich 2011).

Ausgangsbasis der Überlegungen bildet die Unterscheidung zweier grundlegend verschiedenartig arbeitender Gehirnsysteme. Konkrete, sprachlich gefasste Ziele, wie wir sie mithilfe des SMART-Modells im ersten Schritt der HKT-Zielarbeit bilden, entsprechen in ihrer Struktur weitgehend dem rationalen, denkbetonten und an Sprache gekoppelten Funktionsmodus des rationalen Verstandes. Dieser wird durch das Befassen mit solchen konkreten Zielformulierungen aktiviert. Um nachhaltige Motivation zu erzeugen, muss der unbewusst arbeitende Erfahrungsverstand (das EG) mit in die Zielarbeit integriert werden (Storch, 2009; Knörzer, 2011). Da dieser seine Inhalte nicht in sprachlicher Form, sondern als Bilder und / oder Gefühle repräsentiert, ist es hierzu nötig, Ziele, die ausreichend motivationale Kraft entwickeln sollen, in einer poetisch-metaphorischen Bildsprache – als sogenannte »Motto-Ziele« – abzufassen. Den Unterschied zwischen den eher »trockenen« rationalen Zielen in SMART-Form und den motivational und emotional anregenden Erfahrungsverstand-Zielen in Motto-Ziel-Form sollen nachstehende Beispiele verdeutlichen:

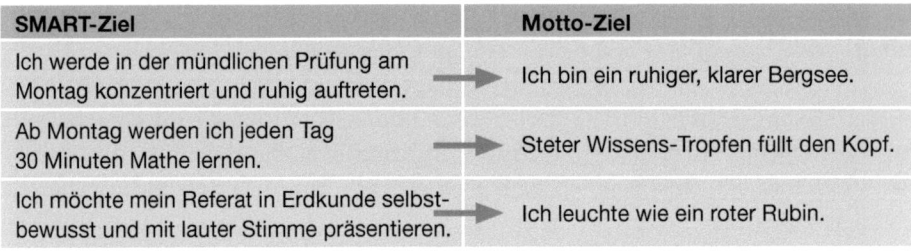

Abb. 10: Beispiele für SMART-Ziele mit ihren korrespondierenden Motto-Zielen

Die motivationale und emotionale Kraft, die von solchen Motto-Zielen ausgeht, ist für viele Teilnehmer körperlich spürbar. Ihre Zielsetzungen werden motivational weiter gestärkt und untermauert, was wiederum die Erfolgsaussichten für die Zielerreichung erhöht.

Auf den Punkt gebracht	
SMART-Ziele	**Motto-Ziele**
ermöglichen aufgrund ihrer spezifischen Kriterien exakte Zielformulierungen	erfassen in einem Bild die Qualität der Zielerreichung (»Ein Bild spricht mehr als tausend Worte«)
bahnen logisch-analytische Denkstrukturen	verankern positive emotionale Denkmuster
aktivieren den bewussten »rationalen Verstand«	aktivieren den eher unbewussten »Erfahrungsverstand«.
geben die Richtung zum Ziel	stärken den Motivationsschub zum Ziel hin

Die Zielerreichung mental erleben – Mentales Training im HKT

Neben der Erarbeitung von Motto-Zielen arbeiten wir im HKT mit einem weiteren analogen Verfahren, um die motivationale Kraft des Erfahrungsverstandes für die Zielarbeit nutzbar zu machen und das angestrebte Ziel(bild) fest im Gehirn zu verankern – dem mentalen Training. Dieses Trainingsverfahren kommt in allen vier HKT-Teilschritten systematisch zum Einsatz, weshalb sich das HKT grundsätzlich auch als ein Mentaltrainings-Ansatz versteht.[14]

Mentaltraining ist ursprünglich ein sportpsychologisches Trainingsverfahren, das allerdings aufgrund seiner großen Erfolge inzwischen auch in anderen Bereichen (z. B. Schule, Wirtschaft und Gesundheitswesen) zur Anwendung kommt. Im Sportmentaltraining wird durch das bewusste und intensive Sichvorstellen von sportlichen Bewegungsabläufen – ohne deren gleichzeitige praktische Ausführung! – die Bewegungsausführung optimiert (Eberspächer 2001; Amler/Bernatzky/Knörzer 2006). Angestrebt wird, (Bewegungs-)Ziele von Sportlern, wie z. B. die Verbesserung der Technik des Aufschlags im Tennis, dadurch zu realisieren, dass sich die Sportler in ihrer Vorstellung intensiv in den Zustand der Zielerreichung (z. B. das Beherrschen der optimalen Aufschlagtechnik) hineinversetzen. Der Tennisspieler, der seinen Aufschlag mit Mentaltraining verbessern möchte, stellt sich mental vor, wie er seinen Aufschlag ideal ausführt – er sieht sich in seiner Vorstellung, wie er den Ball genau in der richtigen Höhe nach oben wirft. Er sieht, wie er seinen Schläger vor dem Treffpunkt des Balls optimal beschleunigt und stellt sich zugleich vor, wie sich diese optimale Beschleunigung im Körper anfühlt. In seiner Vorstellung sieht er, wie er den Ball am höchsten Punkt ideal trifft, und hört, wie der Schläger dabei klingt.

Diese konkreten und intensiven, alle Sinnesmodalitäten integrierenden Vorstellungen (der Zielerreichung), die über das Mentaltraining aufgebaut werden, fungieren als Prüf- und Führungsgrößen für menschliches Handeln (Mayer/Hermann 2009).

---

14 Die Entwicklungslinie des Mentaltrainingsansatzes im HKT kann in Kapitel 2.1 nachgelesen werden.

Im Prozess der Zielverfolgung richten solche mentalen Vorstellungen somit den Menschen optimal auf seine Ziele hin aus und machen damit die erfolgreiche Zielrealisierung wahrscheinlich(er), was wissenschaftlich inzwischen gut belegt ist. Demnach haben Ziele und zielrealisierende Handlungen, die mental über das wiederholte Vorstellen der erfolgreichen Zielerreichung vorbereitet werden, deutlich bessere Aussichten, realisiert zu werden, als wenn sie ohne diese Vorkehrung angegangen werden.

Das HKT als Ansatz systematischen Mental**trainings** kann als ein Programm beschrieben werden, das durch gezielte und planmäßige Wiederholung – das ist der Trainingsaspekt – Muster etablieren möchte, die einen starken zielführenden Einfluss auf das Erleben und Verhalten des Menschen erlangen.

Zur Konkretisierung werden im nächsten Schritt die bisherigen Ausführungen auf die mentale HKT-Zielarbeit – mit den HKT-Techniken »Zielerreichung erleben« bzw. »Zielvisualisierung« – übertragen.

Bei diesen Techniken wird der Teilnehmer dazu aufgefordert, sich mental intensiv in die Vorstellung seiner erfolgreichen Zielerreichung hineinzubegeben und dies gleichzeitig auf verschiedenen Sinneskanälen zu erleben. Er kreiert dabei mental ein Bild von der Umgebung, in der er sein Ziel erreichen wird, ebenso ein Bild von sich, wie er in der Zielerreichungssituation aussieht und handelt. Dadurch werden Nervenzellen im Sehzentrum des Gehirns aktiviert. Zugleich stellt sich der Teilnehmer aber auch vor, welche Bewegungen er in dieser Situation ausführt und wie sich diese Bewegungen anfühlen, aber auch, was es beispielsweise in dieser Situation zu hören gibt. Dadurch werden Nervenzellen in den motorischen und sensorischen Rindenfeldern sowie im Hörzentrum des Gehirns aktiviert. Da dieses Erleben der Zielerreichung dem Menschen als Gesamteindruck präsent wird, sind die daran beteiligten Nervenzellen in den unterschiedlichen Gehirnarealen gleichzeitig aktiv. »Bahnung erfolgt nach Hebbs Prinzip ›Neurons that fire together wire together‹« (Grawe 2004, S. 429).

Die gleichzeitig aktivierten Nervenzellen »verdrahten« sich auf diese Weise zu einem Nervenzellverband (= neuronales Netz), der sich über zahlreiche verschiedene Gehirnareale erstreckt und die Grundlage für ein neu entstandenes neuronales Erregungsmuster darstellt, das all die verschiedenen Eindrücke zu einem Gesamteindruck zusammenbindet. Je öfter sich der Mensch in seiner Vorstellung in diesen Zielzustand versetzt (also mental trainiert), desto intensiver werden die synaptischen Verbindungen zwischen den beteiligten Nervenzellen verstärkt. Es bildet sich aufgrund dieser Bahnungsprozesse ein stabiles neuronales Erregungsmuster aus, das den eigenen Zielerfolg neuronal fest im Gehirn verankert und das immer leichter aktiviert werden kann und mit jeder Wiederholung der Übung an Einfluss auf Erleben und Verhalten des Menschen gewinnt. So gestärkt, dient dieses positiv zu bewertende neuronale Zielerfolgs-Erregungsmuster dem Menschen als Ressource. Als Prüf- und Führungsgröße fungierend, richtet es den Menschen auf sein angestrebtes Ziel hin aus und beeinflusst sein Erleben und Verhalten im Sinne der angestrebten Zielrealisierung.

Da das Mentaltraining ausschließlich im bildhaft-emotionalen Funktionsmodus über Vorstellungsbilder vollzogen wird, aktiviert es vor allem den Erfahrungsverstand – den Ursprungsort der (positiven) Gefühle. Auf diese Weise können durch das mentale Vorwegerleben der eigenen erfolgreichen Zielerreichung zusätzlich starke positive Gefühle geweckt werden, die für eine nachhaltige Zielmotivation unabdingbar sind. Aufgrund der präsentierten Effekte des Mentaltrainings stellt es eine ideale Ergänzung und Abrundung der HKT-Zielarbeit dar.

> **Auf den Punkt gebracht: Mentaltraining**
> - … kommt ursprünglich aus der Sportpsychologie und wird heute in vielen Bereichen erfolgreich eingesetzt.
> - … arbeitet mit der mentalen Vorstellung (Imagination) erfolgreicher Zielhandlungen (exemplarisch kann dies mithilfe der »Daumenübung« [vgl. Anhang] aufgezeigt werden).
> - Dabei erfolgt die Imagination so, dass immer verschiedene Sinneskanäle in der Vorstellung angesprochen werden (Sehen, Hören, Fühlen).
> - Durch systematische Wiederholungen (Training) kommt es zum Aufbau neuronaler Netze (aus neuronalen »Schleichpfaden« werden neuronale »Autobahnen«), die die Zielerreichung im Sinne »sich »selbst erfüllender Prophezeiungen« erleichtern.
> - Die dabei entstehenden positiven Emotionen erleichtern zusätzlich die Zielerreichung.

Am Ende dieses Prozesses der Zielarbeit haben die HKT-Anwender:

- mithilfe der digitalen SMART-Kriterien ihre Zielsetzungen so konkretisiert und ausformuliert, dass sie ihnen eine klare Orientierung und Ausrichtung im Zielprozess ermöglicht.
- mithilfe der analogen »Wunschelemente-Methode« ihr konkretes SMART-Ziel durch ein bildhaft-metaphorisches »Motto-Ziel« erweitert, das starke motivationale Kraft bezüglich der Zielsetzung freisetzt.
- mithilfe des Mentaltrainings ihren Zielerfolg tief und fest in ihrem Gehirn verankert, sodass davon ständig unbewusst wirkende Einflüsse auf ihr Erleben und Verhalten ausgehen, die im Sinne der erfolgreichen Zielrealisierung wirken.

3.3 Praxisanleitung Zielarbeit

Aufbauend auf der dargestellten theoretischen Grundlage zeigen wir im Folgenden exemplarisch auf, wie der Standard »Ziele erarbeiten« erreicht werden kann. Ausdrücklich möchten wir noch einmal darauf hinweisen, dass die hier vorgestellte Praxis lediglich eine Möglichkeit aufzeigt, den Standard zu erreichen. Je nach Kontext, Zielgruppe und Kompetenz des HKT-Anleiters kann dieser Weg variieren.

Die Vorgehensweise ist wie folgt aufgebaut:

1. Zunächst werden Annäherungsziele anhand der SMART-Kriterien gebildet.
2. Danach wird das SMART-Ziel durch die Bildung eines Motto-Ziels erweitert.
3. Abschließend wird die erfolgreiche Realisierung dieser beiden Ziele durch mentale Vorstellungen im Gehirn verankert.

3.3.1 Praxisanleitung SMART-Ziele

In der Regel kommen im HKT je nach Zielgruppe und zeitlichem Kontext zwei Varianten der Bildung von SMART-Zielen zur Anwendung, die wir hier beide vorstellen. Zunächst zur »Kurzvariante«, dem »Zielrahmen« (vgl. Amler/Bernatzky/Knörzer 2006, S. 22–25): Die Fragen im folgenden Zielrahmen[15] sind so formuliert, dass alle SMART-Zielkriterien bei ihrer Beantwortung berücksichtigt werden. Sie unterstützen den HKT-Anwender bei der differenzierten Erarbeitung einer persönlichen Zielformulierung. Es geht dabei darum, ein *positiv formuliertes, eigenverantwortlich erreichbares, konkretes* Ziel zu beschreiben und dieses auf innere und äußere Widersprüche hin *ökologisch* zu überprüfen. Die Überprüfung auf Widersprüchlichkeiten kann es notwendig machen, die ursprüngliche Zielformulierung noch einmal zu überarbeiten.

Der Zielrahmen

1. Was ist mein Ziel?
2. Wann, wo und in welchem Kontext erreiche ich es?
3. Woran merke ich, dass ich mein Ziel erreicht habe?
4. Muss ich für die Realisierung meines Ziels etwas aufgeben bzw. grundlegend ändern?
5. Muss ich mein Ziel eventuell verändern?
   Wenn ja, wiederhole den Prozess ab Schritt 1.
6. Was ist nun mein endgültiges Ziel?
7. Was ist mein persönlicher Gewinn bei Zielerreichung?

Die Fragen im hier vorgestellten Zielrahmen sind allgemein gestellt. Für spezifische Anwendungen des HKTs (z. B. Vorbereitung auf eine spezielle Prüfung) empfiehlt es sich, diese entsprechend zu konkretisieren.

Wenn es der zeitliche Rahmen und die Bereitschaft der Zielgruppe erlauben, empfiehlt es sich, folgende »Langversion« der Erarbeitung von SMART-Zielen einzusetzen – das »KRAFT-Ziele-Modell« in Anlehnung an Gabriele Müller (2003). Das Akronym KRAFT steht für die in die deutsche Sprache übersetzten und dabei leicht modifizierten Zielkriterien des SMART-Modells:

K – *konkret, sinnspezifisch*
R – *realistisch, mit eigenen Prüfkriterien*
A – *attraktiv, positive Auswirkungen*
F – *Fähigkeiten zur Umsetzung, Ressourcen*
T – *Terminplanung*

Bezogen auf diese Kriterien sind Leitfragen gestellt, deren Beantwortung eine differenzierte Formulierung von SMART-Zielen ermöglicht:

---

15 Der Zielrahmen und alle weiteren Vorlagen, die für die praktische Durchführung der beschriebenen Übungen benötigt werden, befinden sich als Kopiervorlagen im Anhang dieses Buches.

K	Was genau willst du erreichen? Wann, wo und mit wem willst du es erreichen? Woran wirst du erkennen, dass du dieses Ziel erreicht hast? Was siehst du, hörst du, fühlst du, wenn du dein Ziel erreicht hast? Was willst du tun? (Nicht: Was willst du lassen, beenden, vermeiden?)
R	Wie kannst du die Erreichung des Ziels selbst beeinflussen? Was liegt im Rahmen deiner eigenen Möglichkeiten? Was genau kannst du tun? (Nicht: Was können andere für dich tun?)
A	Was ist dir wichtig daran, dieses Ziel zu erreichen? Was wird sich für dich oder deine Umgebung verändern? Welchen Nutzen und Gewinn erhoffst du dir dadurch?
F	Welche Fähigkeiten und Eigenschaften stehen dir zur Verfügung, um dein Ziel zu erreichen? Was kannst du selbst tun?
T	Bis wann willst du dein Ziel erreichen (Datum)? Was ist dein erster Schritt in Richtung Ziel? Was genau müsste der nächste Schritt beinhalten?

Abb. 11: KRAFT-Fragen zur Erarbeitung einer effektiven Zielformulierung (vgl. Müller, 2003, S. 73)

Die Antworten auf die Fragen werden in das nachfolgende Protokollschema eingetragen. Dies kann sowohl in Einzel- wie auch in Partnerarbeit erfolgen. Bei der Partnerarbeit interviewt der eine Partner den anderen anhand der KRAFT-Fragen und protokolliert die gegebenen Antworten stichpunktartig im nachfolgenden Schema mit. Abschließend überreicht er das Protokoll dem interviewten Partner, der so einen schriftlich fixierten, differenzierten Überblick über seine Zielstellung erhält. Im Anschluss werden die Rollen gewechselt – der Protokollant wird zum Interviewten und umgekehrt.

K	
R	
A	
F	
T	

Abb. 12: Das KRAFT-Ziele-Protokoll

Mithilfe des Zielrahmens bzw. des KRAFT-Modells kann ein an Zielkriterien orientiertes SMART-Ziel formuliert werden. Bei der hier vorgestellten Vorgehensweise wird dies durch die Erarbeitung eines Motto-Zieles ergänzt.

3.3.2 Praxisanleitung Motto-Ziele

In diesem Schritt geht es darum, über eine bildhafte, emotionsbetonte Arbeitsweise das angestrebte Ziel auch dem unbewusst arbeitenden Erfahrungsverstand zugänglich und »schmackhaft« zu machen. Gelingt dies, wird eine ungeheure motivationale Kraft freigesetzt, die zielführendes Handeln auslöst und antreibt.

Schritt 1: zu der eigenen Zielsetzung passende »Wunschelemente« finden

Dem Erfahrungsverstand nähern wir uns über eine Methode, die im Rahmen des »Züricher Ressourcen Modells« entwickelt wurde – »Motto-Ziele mit Wunschelementen bauen« (Storch 2008; Storch / Riedener 2006). Hierbei geht es darum, dass jeder Teilnehmer für sein in den bisherigen HKT-Schritten erarbeitetes Ziel passende »Wunschelemente« findet. Als Wunschelemente werden Begriffe bezeichnet, anhand derer nach erwünschten / benötigten Eigenschaften gesucht wird, die für die erfolgreiche Zielerreichung nützlich sind. Wunschelemente können sein: »Tier, Pflanze, Auto, Filmfigur, Romanfigur, Märchenfigur, Held, berühmte Persönlichkeit, Musik, Star« (Storch / Riedener 2006, S. 223)

Die Frage, die in diesem Fall gestellt wird, lautet: »Welches Tier, welche Pflanze etc. verfügt über Eigenschaften, die dir für die Umsetzung deines Ziels nützlich sein könnten?«

Mit dieser Frage gelingt es, die bisher rein rational ablaufende Zielarbeit auf eine eher bildhaft-metaphorische Ebene zu verlagern und so dem Erfahrungsverstand zugänglich zu machen. »Als Wunschelement eignet sich alles, was in der Lage ist, starke Bilder hervorzurufen. […] Der Begriff, zu dem spontan und schnell gute Bilder auftauchen, ist geeignet« (Storch 2008, S. 89). Wichtig in diesem Arbeitsschritt ist, dass man den Verstand und das Grübeln zurückstellt und sich ganz von dem leiten lässt, was das Unbewusste an Emotionen und Bildern hervorbringt. Ob der rationale Verstand die auftauchenden Bilder als sinnvoll oder zum Ziel passend bewertet, spielt hierbei keine Rolle.

> **Praxistipp**
>
> Man kann die Suche der Teilnehmer nach passenden Wunschelementen für ihr Ziel dadurch unterstützen, dass man ihnen Bildkarten mit unterschiedlichen Tier-, Landschafts- oder Pflanzenmotiven zur Verfügung stellt – und z. B. in der Mitte des Raums auslegt – oder anhand einer Powerpoint-Präsentation solche inspirierenden Bilder zeigt. Solche Bildsammlungen kann man sehr leicht selbst erstellen, indem man z. B. aus Zeitschriften entsprechende Motive ausschneidet oder sich aus dem Internet entsprechende Bilder herunterlädt, ausdruckt und ausschneidet.

Umsetzungsbeispiel

Ein Schüler hat sich in den ersten Schritten der HKT-Zielarbeit folgendes Ziel erarbeitet: »Ich möchte bei meiner Präsentation kommenden Mittwoch vor der Klasse überzeugend auftreten.« Die entsprechende Frage, um passende Wunschelemente zu seinem Ziel zu finden, lautet: »Welches Tier, welches Auto ... verfügt über Eigenschaften, die dir bei deinem Ziel, bei deiner Präsentation vor der Klasse überzeugend aufzutreten, nützlich sein könnten?«
Spontan fallen ihm hierzu ein Puma und ein Porsche ein, ohne dass er jetzt genau sagen könnte, was der Porsche mit seinem Ziel zu tun hat – aber die Bilder kamen schnell auf die Frage und fühlen sich für ihn auch stimmig an.

Schritt 2: Aus den Wunschelementen Motto-Ziele / -sätze bauen

Wenn die Teilnehmer für ihre Zielsetzung anhand der oben formulierten Wunschelemente-Frage ein bis drei passende Wunschelemente gefunden haben, schreiben sie diese auf ein Blatt Papier und notieren unter den jeweiligen Begriff alle positiven (!) Assoziationen, die ihnen dazu spontan einfallen.

In einer nächsten Runde geben sie ihr Blatt an zwei bis drei andere Teilnehmer weiter mit der Bitte, dass diese weitere Assoziationen, die sie mit diesem Wunschelement(en) verbinden, auf dem Blatt ergänzen. Erhält der Teilnehmer sein Blatt zurück, hat er für jedes seiner Wunschelemente eine Liste von (eigenen und fremden) Begriffen. Aus all diesen Begriffen wählt er die aus, die ihn emotional stark positiv ansprechen. Diese Begriffe schreibt er auf ein neues Blatt.

Anschließend versucht der Teilnehmer, aus diesen für ihn emotional positiv besetzten Begriffen ein Motto für sein angestrebtes Ziel zu bilden, das seine innere Verfassung, Haltung oder Qualität ausdrückt, mit der er sein Ziel erreichen möchte. Die Frage zur Bildung von Motto-Sätzen könnte z. B. lauten: »Unter welchem Motto könnte / sollte euer Zielstreben stehen?« Zur Konkretisierung kann man jüngeren Teilnehmern mehrere Beispiele für Motto-Sätze präsentieren. Bei der Bildung der Motto-Sätze gilt es nach Storch (2006, S. 35 ff.), die ausgewählten Begriffe kreativ zu bildhaft-metaphorischen und schwelgerischen Formulierungen (oft an der Grenze zum Kitsch) zusammenzuführen, um so den Erfahrungsverstand zu aktivieren, damit positive Gefühle und Motivation für das Ziel geweckt werden. Dabei kann man mit den ausgewählten Begriffen experimentieren und verschiedene Motto-Formulierungen entwerfen. Am Ende wählt man die Formulierung aus, von der man sich am stärksten positiv angesprochen fühlt, die starke positive somatische Marker hervorruft.

Umsetzungsbeispiel

Unser Teilnehmer hatte für sein Ziel, bei seiner Präsentation vor der Klasse überzeugend aufzutreten, für sich die beiden Wunschelemente Puma und Porsche gefunden. Diese schreibt er auf und sammelt unter dem jeweiligen Begriff alles, was ihm spontan dazu einfällt – ergänzt werden seine Ideen durch die Ideen anderer Teilnehmer:

Puma

Eigene Ideen: aggressiv, kräftig, schnell, konzentriert, sehr beweglich

Ideen anderer Teilnehmer: Puma-Sprung, bissig, mutig, Usain Bolt (100 Meter Sprint-Weltrekordhalter, der Puma-Schuhe trägt)

Porsche

Eigene Ideen: schnell, schön, starker Motor, laut

Ideen anderer Teilnehmer: elegant, Sportler, Rennstrecke, Beschleunigung, viel PS

Aus der so entstandenen Begriffsliste zu den ausgewählten Wunschelemente wählt der Teilnehmer all die Begriffe aus, die ihn emotional besonders stark positiv ansprechen – also einen positiven somatischen Marker in ihm wecken. Diese Begriffe schreibt er hintereinander: starker Motor, laut, viel PS, kräftig, Usain Bolt

Aus diesen Begriffen versucht er ein metaphorisches Motto zu bilden, was zu seinem angestrebten Ziel passt, bei seiner Präsentation vor der Klasse überzeugend aufzutreten. Dabei experimentiert er mit den Begriffen etwas und kommt zunächst zu folgender Formulierung:

Motto-Ziel-Variante 1

»Ich lasse meinen Motor laut aufheulen und hole aus ihm alle PS (Puma-Stärken!) heraus!«

Dieses Motto fühlt sich für ihn bereits sehr kraftvoll an und vermittelt ihm sofort ein Gefühl davon, wie er vor der Klasse überzeugend wirkt. Aber es ist die Person Usain Bolt, die ihn – obwohl er sie ja gar nicht selbst mit dem Begriff »Puma« assoziiert hat, sondern ein Klassenkamerad – von allen Begriffen am stärksten emotional anspricht. Er sah damals am Fernseher, wie der Sprint-Superstar Usain Bolt (mit seinen Puma-Schuhen) unmittelbar vor dem Start des 100-Meter-Rennens, völlig von sich überzeugt, sich dem Publikum noch in große Posen präsentierte, bevor er im nächsten Moment (mit dem Startschuss) die Show erst richtig beginnen ließ und den bisherigen 100-Meter-Weltrekord pulverisierte. »Das war mal ein überzeugender Auftritt!« Für den Schüler passt dieses Bild ideal zu seinem angestrebten Ziel, vor der Klasse einen überzeugenden (Präsentations-)Auftritt abzuliefern. Nach etwas Überlegung hat er dann seinen Motto-Satz gefunden:

Motto-Ziel-Variante 2

»Ich lasse die Usain-Bolt-Show beginnen!«

Dieses Motto weckt in ihm sofort starke positive Gefühle – und am liebsten würde er sofort vor die Klasse treten, um seine Show zu starten.

Weitere Beispiele für Motto-Ziel-Sätze:
Ich leuchte wie ein roter Rubin! (Konzentration während der Klassenarbeit)
Steter Wissenstropfen füllt den Kopf! (für Ausdauer und Beharrlichkeit während der Prüfungsvorbereitung)
Ich bringen meinen »Hara« zum Schwingen! (für Angstreduktion vor einer mündlichen Prüfung

> **Auf den Punkt gebracht: Motto-Ziel-Entwicklung**
>
> 1. zur Zielsetzung passende Wunschelemente finden; Frage: »Welches Tier, welches Auto etc. verfügt über Eigenschaften, die dir bei deinem Ziel nützlich sein könnten?« (eventuell Anregungen über Bildersammlungen geben)
> 2. ein bis drei gefundene Wunschelemente schriftlich formulieren
> 3. eigene positive Assoziationen zu jedem der Elemente notieren
> 4. diese durch zwei bis drei weitere Personen schriftlich ergänzen lassen
> 5. aus dieser Sammlung diejenigen Assoziationen auswählen, die einen am stärksten emotional ansprechen, und gemeinsam mit den Wunschelementen auf ein neues Blatt übertragen
> 6. daraus einen stimmigen Motto-Ziel-Satz bilden
>
> Motto-Ziele entwickeln starke motivationale Kräfte, die noch verstärkt werden können, wenn man das Ziel nicht nur als Motto-Ziel-Satz formuliert, sondern zusätzlich noch visualisiert, indem man es malt oder als Fotografie darstellt.

Abb. 13: Beispiel eines Motto-Ziel-Bildes aus einer dritten Grundschulklasse
(»Ich möchte schlau sein wie ein Bär.«)

Ich bin in der Prüfung wie ein ruhiger, klarer Bergsee.

Abb. 14: Motto-Ziel-Foto

Die formulierten SMART- und Mottoziele werden im dritten Schritt der hier vorgestellten Zielarbeit mental fest verankert. Dies kann sowohl als Einzel- bzw. Partnerübung (»Zielerreichung erleben«) wie auch als Übung mit der Gesamtgruppe (»Zielvisualisierung«) erfolgen.

3.3.3 Praxisanleitung Zielerreichung erleben und mental verankern

Bei der mentalen Verankerung der Zielrealisierung machen wir uns die beschriebenen Erkenntnisse zur Wirkungsweise des mentalen Trainings zunutze. Es geht dabei darum, das Erleben der Zielerreichung mental vorwegzunehmen und die dabei entstehenden positiven Gefühle bewusst wahrzunehmen. Obwohl es möglich ist, in jede der beiden Übungsformen direkt einzusteigen, bereiten wir häufig das mentale Erleben mithilfe folgender vorbereitender Leitfragen vor, die die Teilnehmer vorab schriftlich beantworten.

Zielerreichung erleben

Beantworte zunächst folgende Fragen, die dir dabei helfen, dein gewünschtes Ziel, deinen Erfolg schon im Voraus intensiv zu erleben. Dadurch werden deine Energie und deine Motivation stark auf die Zielerreichung gelenkt. Sorge dafür, dass du genügend Zeit hast, um diesen Prozess in Ruhe durchzuführen.
- Wo, in welcher Umgebung wirst du dein Ziel erreichen? Beschreibe dieses Umgebung (Raum, Gelände etc.), so gut du kannst, wenn dir die Umgebung noch nicht bekannt ist, stelle dir vor, wie sie aussehen könnte.
- Was genau tust du, nachdem du dein Ziel erreicht hast? (z.B. jubeln oder den Erfolg still genießen, deine Freunde umarmen etc.).
- Welche Gefühle hast du jetzt? Und in welchen Körperbereichen spürst du sie am intensivsten?

Abb. 15: Vorbereitungsfragen für das mentale Erleben der eigenen Zielerreichung

So vorbereitet, fallen den meisten HKT-Teilnehmern die anschließenden Mentalübungen leichter.

Praxisanleitung: Zielerreichung erleben

Diese besonders intensive Übungsform eignet sich für die Einzelarbeit mit HKT, etwa im Beratungskontext, kann aber auch mit entsprechenden Zielgruppen (ältere Jugendliche, Erwachsene) als Partnerübung in größeren Gruppen durchgeführt werden. In diesem Falle sollte zunächst einmal eine Demonstration der Übung durch den Gruppenleiter vorgenommen werden.

Die Übung wird in einer Laufbewegung durchgeführt. Als Markierung des Zielweges im Raum können dabei einfache Baustellenbänder dienen, die von der Gegenwart zum zukünftigen Ziel auf dem Boden ausgelegt werden.

Der Übungsablauf erfolgt nach dem Prinzip »Erinnerung an die Zukunft schaffen« (Amler / Bernatzky / Knörzer 2006, S. 27 ff.)«. Dabei geht man in der Annahme davon aus, dass das Ziel bereits erreicht ist, und steigt daher mental in die Situation des Zielerreichens ein. Deshalb startet die Übung damit, dass sich der Teilnehmer zu Beginn auf den (vorher definierten) Zielpunkt stellt und mithilfe nachfolgender Fragen vom Anleiter in das Erleben der eigenen Zielerreichung geführt wird. Mithilfe der Sinneswahrnehmungen wird diese Zielerreichungssituation genau beschrieben. »*Wo war das? Wie sah die Umgebung aus, in der du dein Ziel erreicht hast? Beschreibe den Raum / das Gelände, die Gespräche der beteiligten Menschen, so gut du kannst, um eine genaue Vorstellung zu bekommen. Was hast du gemacht, als du dein Ziel erreicht hast (gejubelt, jemanden umarmt ...)? Wie hast du dich gefühlt, als du dein Ziel erreicht hast? Ist das Erfolgsgefühl im ganzen Körper zu spüren oder eher an einer bestimmten Körperstelle? Passt eine bestimmte Erfolgsgeste, eine Körperbewegung zu diesem Erfolgsgefühl? Mache diese Bewegung und gehe ganz stark in das Erleben hinein.*«

Durch dieses intensive Zielerleben wird ein starker emotionaler Erinnerungsanker (somatischer Marker) geschaffen, der gefühlsmäßig immer wieder abgerufen werden kann. Je stärker das Zielerleben positiv wahrgenommen wird, desto stärker wirkt der Erinnerungsanker. Es ist wichtig, dass die Übenden ausreichend Zeit haben, sich das Zielerleben mit allen Sinneseindrücken vorzustellen. Sie müssen dabei in einen Erlebenszustand kommen, in dem sie ihre Gefühle und Körperreaktionen real wahrnehmen können.

Mit dem Gefühl des Zielerlebens begeben sich die Übenden erstmals an den Punkt der Gegenwart (anderes Ende des Baustellenbandes) und können von dort aus das Ziel sehen, das sie in ihrer Vorstellung bereits erreicht haben.

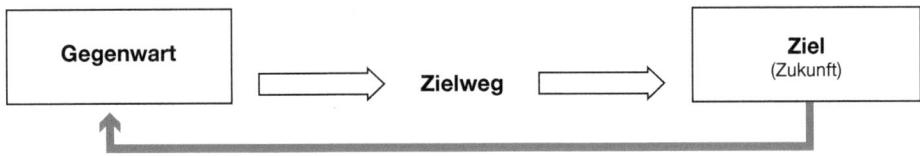

Der zweite Teil der Übung beginnt in der Gegenwart. Die Übenden nehmen ihr Ziel in den Blick, das sie bereits mental erlebt haben. Sie rufen sich jetzt dieses Erfolgsgefühl in ihr Bewusstsein zurück und steuern bereits mit dem Zielerreichungsgefühl aus der Gegenwart auf ihr Ziel zu. Mit dieser Gefühlsverankerung des Zielerlebens können sie entspannt (über das Baustellenband) auf ihr Ziel zulaufen, bis sie es erreicht haben. Dort wird das Gefühl des Zielerlebens noch stärker wahrgenommen und weiter verankert.

Dieser Ablauf wird so oft wiederholt, wie es der Teilnehmer wünscht (wegen der notwendigen neuronalen Verankerung jedoch mindestens dreimal).

> **Auf den Punkt gebracht: Zielerreichung erleben**
>
> 1. Ein Baustellenband wird auf dem Boden ausgelegt.
> 2. Gegenwarts- und Zielpunkt werden an den beiden Enden des Bandes definiert (eventuell mithilfe beschrifteter Karten).
> 3. Der Übende stellt sich zu Beginn auf den Zielpunkt (so, dass die Gegenwart in seinem Rücken liegt) und stellt sich mit allen Sinnen intensiv vor, wie er gerade sein Ziel erreicht hat. Unterstützt wird er dabei von einem Partner, der ihm entsprechende Fragen stellt, die ihn tief ins innere Zielerleben führen (dafür genügend Zeit lassen).
> 4. Anschließend läuft der Übende außen am Baustellenband vorbei in den gegenüberliegenden Gegenwartspunkt hinein und betrachtet von dort das gegenüberliegende Ziel.
> 5. Er ruft sich jetzt (noch im Gegenwartspunkt stehend) noch einmal das gerade erlebte Gefühl der Zielerreichung ins Bewusstsein und läuft dann mit diesem Gefühl über das Baustellenband in sein Ziel hinein.
> 6. Am gegenüberliegenden Zielpunkt angekommen, taucht er nochmals tief in das Erleben der eigenen Zielerreichung ein (eventuell nochmals unterstützt durch die Fragen des Partners) und begibt sich anschließend wieder in die Gegenwart.
>
> Die Punkte drei bis sechs werden so oft wiederholt, wie es der Übende wünscht – mindestens jedoch dreimal.

3.3.4 Praxisanleitung Zielvisualisierung (Mentaltraining)

Die Zielvisualisierung gehört zu den mentalen Gruppenübungen im Heidelberger Kompetenztraining. Die Übung kombiniert eine einfache Form mentaler Entspannung mit dem Aufbau eines mentalen Erlebens des Zielerreichungsmomentes. Im Folgenden ist die Übung so beschrieben, dass auch die methodisch richtige Anleitung mit berücksichtigt wird:

1. Für günstige Rahmenbedingungen sorgen
   Für die Durchführung mentaler Übungsformen empfiehlt es sich, einen ruhigen, störungsfreien Rahmen zu schaffen. Im schulischen Kontext gilt es, mögliche Störungen in der Planung zu berücksichtigen und wenn möglich durch geeignete Maßnahmen (z. B. Türschild »Bitte nicht stören« anbringen) einzudämmen. Alle Teilnehmer sollen die Möglichkeit haben, den Übungsverlauf in Ruhe mitzuerleben.
2. Transparenz des Übungsverlaufs
   Die Teilnehmer werden vorab über den Übungsablauf informiert. Wir erklären unseren Teilnehmern sowohl den Sinn als auch den Ablauf und ermöglichen so ein positives Erleben der mentalen Übungen. Durch die Beibehaltung eines konsequenten nachvollziehbaren Grundmusters bei der Durchführung der mentalen Übungen gewinnen die Teilnehmer Sicherheit und können sich somit besser darauf einlassen.
3. Grundmuster der Anleitung

Die Zielvisualisierung wird in der Regel im Sitzen durchgeführt und lässt sich in vier Schritte aufteilen:

Schritt 1: Hinführung
Sitzposition – Aufmerksamkeitsfokussierung auf das innere Erleben – Schließen der Augen – Wahrnehmung der Körperauflagepunkte – Atem wahrnehmen und das Ausatmen länger werden lassen.

> »Suche dir eine bequeme Sitz- oder Liegeposition, richte deine Aufmerksamkeit mehr auf dein inneres Erleben, vielleicht möchtest du die Augen schließen – spüre, an welchen Punkten dein Körper die Sitzfläche berührt – wie dir die Lehne einen sicheren Halt gibt und wie die Füße sicher auf dem Boden stehen. – Achte nun besonders auf deine Atmung. Spüre, wie der Atem ruhig ein- und ausströmt. – Versuche, mit jedem Ausatmen deinen Atem etwas länger und tiefer werden zu lassen.«

Schritt 2: Mentale Visualisierung
Im zweiten Schritt werden die Teilnehmenden mental an einen für sie positiv erlebten Ort geführt, der mit dem Gefühl von Ruhe, Erfolg und Wohlfühlen verknüpft ist. Die

mentale Kontaktaufnahme mit diesem Ort bietet die Grundlage für ein positives Zielerleben. Mit Anleitungsfragen werden die Teilnehmenden immer tiefer in das Erleben des »schönen Ortes« geführt.

> *Lass nun aus deiner Erinnerung einen Ort auftauchen, an dem du dich einmal sehr wohlgefühlt hast – betrachte das Bild dieses Ortes vor deinem inneren Auge, ist es schwarz-weiß oder farbig – und wenn es farbig ist, welche Farben hat es – wie ist das Licht in diesem Bild, welche Umgebung siehst du – bist du selbst in dem Bild und / oder andere – gehören wichtige Gegenstände zum Bild --- und während du dieses Bild betrachtest, höre einmal, welche Töne und Geräusche zu diesem Bild gehören – vielleicht Stimmen – vielleicht Naturgeräusche – Musik – oder auch Stille – und vielleicht gehört zu der Erinnerung auch ein bestimmter Geruch oder Geschmack – lass nun das Gefühl, das du damals hattest, wieder ganz intensiv werden, lass' dich erfüllen von diesem Gefühl.*

Schritt 3: Zielvisualisierung

Mit dem dritten Schritt können die Teilnehmenden das Erreichen ihres Zieles mental erleben und somit die Zielrealisierung mental erfahren. Mittels einer Kinoleinwand haben sie die Möglichkeit, sich zunächst von außen wie in einem Film bei der Zielerreichung zuzusehen und sich dabei genau zu beobachten. Anschließend werden sie selbst Teil ihres Films, handeln selbst und erleben so mit allen Sinnen, wie sie ihr Ziel erreichen. Sie schaffen sich ein Bewusstsein der Zielerreichung. Sie wissen jetzt, dass sie ihr Ziel erreichen können. Anschließend kehren sie mental zurück an ihren »schönen Ort«.

> *… und während du in Gedanken an deinem schönen Ort bleibst, lass vor deinem inneren Auge eine Leinwand auftauchen – auf dieser erscheint nun ein Film, in dem du dich siehst, wie du gerade dabei bist, dein Ziel zu erreichen – schau dir dabei genau zu – wie du stehst, sitzt oder liegst – deine Gesten – vielleicht deinen Gesichtsausdruck – die Art, wie du mit anderen umgehst – und höre dann auch einmal auf deine Stimme, welche Worte du wählst, wie sich deine Stimme anhört – und nun werde selbst ein Teil dieses Filmes, spüre, wie du dich fühlst, wenn du dein Ziel erreichst, spüre deinen Gesten und deinem Gesichtsausdruck nach – vielleicht spürst du auch den Klang deiner Stimme und wie du den Moment erlebst, an dem du dein Ziel erreichst. Spüre dieses Erleben in deinem Körper und lasse es stark werden. Es wird dir Kraft geben.*

Schritt 4: Rückführung

Die Rückführung verläuft in den gleichen, jetzt aber umgekehrt angeordneten Schritten wie die Hinführung. Zunächst Rückkehr zum »schönen Ort« – dann Rückkehr in den Übungsraum – Aufmerksamkeit auf den eigenen Atem – Wahrnehmen der Sitzposition – Öffnen der Augen und Wahrnehmung der Umgebung im Wachzustand. Die Rückführung sollte in Ruhe und mit ausreichend Zeit stattfinden.

> *– lass nun den Film auf der Leinwand wieder verblassen – bleibe noch für einige Zeit an deinem schönen Ort, genieße es; dort zu sein, wo du dich erholst und neue Energien tankst. In deinen Gedanken kannst du immer wieder an diesen Ort zurückkehren.*

> *– komme nun in Gedanken von diesem Ort zurück und richte deine Aufmerksamkeit wieder auf deine Atmung – atme einige Male tief durch – strecke und dehne dich und lass Bewegung in deinen Körper zurückkommen – öffne die Augen und sei wieder ganz wach hier.*

Die zusammenhängende Version dieser Übungsanleitung ist im Anhang zu finden (KV 11: »Zielvisualisierung«).

Nachbesprechung

Im Anschluss an diese Gruppenübung wird die Möglichkeit zum gegenseitigen Erfahrungsaustausch gegeben. Dieser kann sowohl in der Gesamtgruppe wie auch paarweise oder in Kleingruppen erfolgen. Die mentale Vorstellung der Zielerreichung sollte einmal gründlich in der Gruppe oder im Einzel-Coaching durchgeführt werden. Danach trainieren die HKT-Teilnehmer diese Vorstellung allein, um so den Effekt zu verstärken.

Besonders effektiv ist dabei die Arbeit mit einem persönlichen Zielbild. Hierzu wählen die Teilnehmer aus ihrer Vorstellung der Zielerreichung den Moment aus, der für sie den Erfolg der Zielerreichung am besten charakterisiert. Diesen Moment frieren sie in ihrer Vorstellung zu einem Erfolgsstandbild ein, das sie im Tagesverlauf immer wieder (ohne großen zeitlichen Aufwand) blitzlichtartig vor ihrem geistigen Auge auftauchen lassen können. Beispiele hierfür sind der Moment der Überreichung des Zeugnisses nach einer erfolgreichen Prüfung, der Applaus nach einer gelungenen Präsentation, das Umhängen der Medaille nach einem sportlichen Wettkampf.

Mit dem Aufbau der mentalen Vorstellung der Zielerreichung ist die Trainingsphase 1 »Zielerarbeitung« abgeschlossen. Jetzt wird das erarbeitete Ziel noch im Arbeitsblatt »HKT-Baum« als Wort, Satz oder Symbol in die Krone des leeren HKT-Baumes eingetragen. Dann kann zur zweiten Trainingsphase, der Konzentration, übergegangen werden.

4 Trainingsphase 2: Konzentration

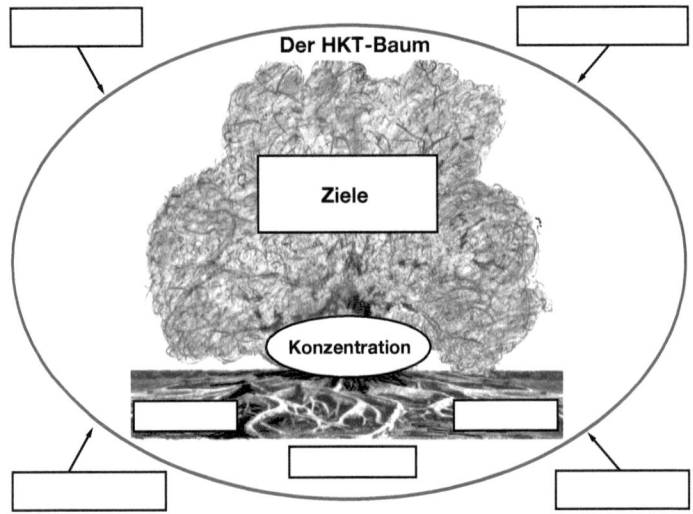

Nachdem in der ersten Phase des HKTs die Ziele erfolgreich erarbeitet wurden, geht es im nächsten Schritt darum, die Ressourcen einer Person zu aktivieren, die sie dabei unterstützen, das Ziel erfolgreich zu realisieren. Diese Aufgabe wird in zwei Trainingsphasen bewältigt. Zunächst geht es um die Aktivierung der grundlegenden Ressource »Konzentrationsfähigkeit«. Als übergreifende »Metaressource« wird sie für die Erreichung jedes ambitionierten Ziels benötigt und daher in jedem HKT aktiviert. In der anschließenden Trainingsphase 3 geht es um die Aktivierung derjenigen spezifischen Ressourcen einer Person, die sie für ihre spezielle Zielausrichtung benötigt.

4.1 Standard für die Konzentrationsphase

Wie bereits in der vorhergehenden Phase des Trainings definieren wir einen evaluierbaren Standard, der nach erfolgreichem Abschluss dieser Trainingsphase erreicht wird. Für Trainingsphase 2 ist der Standard folgendermaßen formuliert:

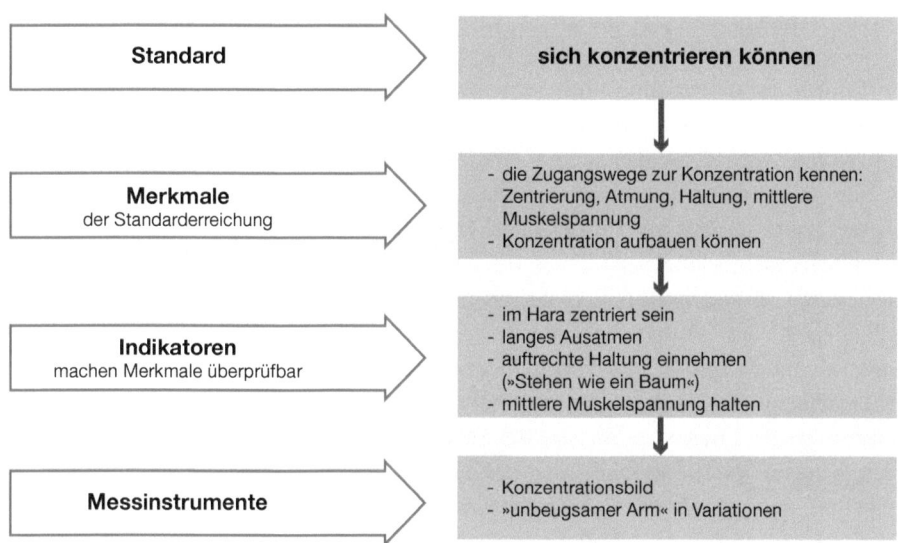

Abb. 16: Standard »Konzentration«

Der Standard »Sich konzentrieren können« ist dann erfüllt, wenn die Teilnehmer die vier Zugangswege zur Konzentration kennen und Konzentration aufbauen können. Überprüfbar ist dies anhand vier körperlicher Indikatoren: sich im Körperschwerpunkt (dem »Hara«) zentrieren, dabei den Atemschwerpunkt auf das lange Ausatmen legen und eine zentrierte, aufrechte Körperhaltung mit mittlerer Muskelspannung einnehmen. Die Überprüfung erfolgt einmal über die Entwicklung eines Konzentrationsbildes, vor allem aber über einen körperlichen Test – den »unbeugsamen Arm«.

4.2 Theoretische Grundlagen der Konzentration

Wir betrachten Konzentration als zentrale Voraussetzung, um Ziele erfolgreich realisieren zu können. Wir beziehen uns dabei auf ein Verständnis von Konzentration, wie es Tenorth und Tippelt (2007, S. 419) beschreiben:

Konzentration wird »aktuell als die Voraussetzung für die optimale Bewältigung einer Aufgabe in unterschiedlichen Bereichen (z. B. Lernen) theoretisch konzipiert. Im Zustand der Konzentration werden alle Störfaktoren weitestgehend ausgeblendet, und es gelingt, das vorhandene Potenzial voll auszuschöpfen«.

So betrachtet, ergeben sich zwei Indikatoren für erfolgreiches Konzentrieren:

1. Die Aufmerksamkeit richtet sich auf eine bestimmte Aufgabe bzw. Zielstellung. Konzentriertes Handeln ist demnach immer aufgaben- und zielorientiert.

2. Die Handlungsperson fokussiert sich unter Ausblendung von Störfaktoren auf diese Aufgabe und schöpft so das vorhandene Potenzial voll aus.

Ein Konzentrationstraining muss sich demnach an den Indikatoren Aufgaben- bzw. Zielorientierung und Aufmerksamkeitsfokussierung ausrichten. Mangelt es daran, kann Konzentration nicht entstehen. Speziell Programme für Kinder und Jugendliche, die dies nicht beachten, scheitern häufig.

Bei unserer Arbeit mit Kindern und Jugendlichen in unterschiedlichen Lernkontexten haben wir erfahren, dass man mit dem Begriff »Konzentration« und den daraus abgeleiteten »Konzentrationsschwierigkeiten« sehr sorgfältig umgehen muss. In vielen Fällen waren diese »Konzentrationsschwierigkeiten« nicht durchgängig beobachtbar, sondern auf bestimmte Handlungsfelder begrenzt. Jugendliche, die es nicht schafften, konzentriert ihre Hausaufgaben oder schulische Arbeitsaufträge zu erledigen, saßen Stunden später hoch konzentriert bei Strategiespielen am Bildschirm oder spielten hoch konzentriert Basketball oder Fußball. Zumindest als These kann man rückschließen, dass es sich bei den angesprochenen Störungen nicht vordergründig um Konzentrationsprobleme, sondern eher um Motivationsprobleme handelt. Hier greift ein Training der Konzentrationsfähigkeit zu kurz. Bei fehlender Motivation werden viele Interventionen, die auf das Verbessern der Konzentration ausgerichtet sind, ins Leere laufen. Wer nicht motiviert ist, wird auch kaum zielgerichtet handeln können.

Im HKT-Modell klären wir deshalb zunächst einmal die Ziele ab. Erst auf der Grundlage eines gebildeten Annäherungszieles macht das Training der Konzentration Sinn. Jetzt ist es möglich, sich auf dieses motivational attraktive Ziel zu fokussieren, das eigene Potenzial auszuschöpfen und Störfaktoren auszublenden, d. h. den gesamten HKT-Prozess durchzuführen. Dabei kommt der Fähigkeit, sich konzentrieren zu können, den Fokus ganz und gar auf das zu erreichende Ziel zu richten, eine zentrale Bedeutung zu.

Es stellt sich die Frage, wie dies geschehen kann. Die einfache Aufforderung »Konzentriere dich!« reicht hier nicht aus. Dies hat jede Schülerin und jeder Schüler dutzende Male im Laufe der eigenen Lernbiografie gehört. Genutzt hat dies wenig, da es in der Regel lediglich bei diesen sicherlich wohlgemeinten Appellen blieb. Eine Strategie zur richtigen Konzentration wurde nicht vermittelt.

Dem möchten wir im HKT entgegenwirken, indem wir die Konzentrationsfähigkeit systematisch schulen. Grundlage bildet für uns dabei ein Konzentrationsverständnis, wie dies Amler, Bernatzky und Knörzer (2006, S. 39–49) in ihrem Konzept des Sportmentaltrainings formuliert haben. Im HKT haben wir dieses Konzept aufgegriffen und in zwei Richtungen weiterentwickelt. Zum einen wurden die theoretischen Grundlagen durch den Bezug auf das Konzept des »Embodiments« erweitert. Zum anderen wurde das methodische Repertoire durch die Arbeit mit Konzentrationssymbolen vergrößert. Zunächst einmal sollen die theoretischen Grundlagen geklärt werden.

Die theoretischen Wurzeln des Konzentrationsansatzes im HKT

Die HKT-Trainingsphase »Sich konzentrieren können« wurde auf den folgenden theoretischen Grundlagen konzipiert:
1. fernöstliche Bewegungskünste
2. Embodiment-Konzept

Die fernöstlichen Bewegungskünste

In der westlichen Kultur wird die Bedeutung der Konzentrationsfähigkeit zwar klar erkannt, praxiserprobte Konzepte zur Entwicklung und Kultivierung der Konzentrationsfähigkeit finden sich allerdings kaum. Anders ist dies in der Tradition der ostasiatischen Kampf- und Bewegungskünste. Unser Verständnis der Konzentration ist stark von diesem traditionellen Hintergrund beeinflusst, nicht zuletzt durch eigene jahrzehntelange Praxis dieser Bewegungskünste. In der ostasiatischen, speziell auch der japanischen Tradition finden sich zwei zentrale Grundprinzipien.

Das Prinzip der Geistesgegenwart

Geistesgegenwärtig zu sein bedeutet, den Fokus unserer Aufmerksamkeit (den »Geist«) voll und ganz in der Gegenwart halten zu können. In diesem Zustand gibt es kein Vordenken (»Es bleiben mir nur noch zehn Minuten Zeit, wie soll ich das bloß schaffen?«) und kein Nachdenken (»Hätte ich doch die Chance vorhin nur genutzt, so eine kommt sicherlich nicht wieder!«). Ein gedankliches Leben in der Zukunft (»Was werde ich morgen machen?«) oder ein Zurückkehren in die Vergangenheit (»Wie schön war es doch letzte Woche mit…«) verhindert ein konzentriertes Handeln in der Gegenwart. Geistesgegenwärtig zu handeln ist eine wesentliche Voraussetzung, um im Handlungsablauf flexibel reagieren zu können. Wenn ich es zulasse, dass meine Gedanken während einer anspruchsvollen Tätigkeit abschweifen, bin ich nicht mehr vollständig auf mein aktuelles Tun konzentriert. Gedanken an die Zukunft (die kommende Veranstaltung am Nachmittag, die nächste Klassenarbeit) oder an die Vergangenheit (vielleicht an die letzte schlechte Klassenarbeit, einen Unfall, ein Erlebnis mit Freunden) stören konzentriertes Handeln. Nur wenn ich meinen Geist bewusst in der Gegenwart halte, kann ich situative Chancen und Möglichkeiten erkennen und nutzen.

Die Einsicht in die Notwendigkeit der Geistesgegenwart und die daraus resultierende Schulung von Aufmerksamkeit und Achtsamkeit ist die zentrale psychische Komponente, die zur Entwicklung der Konzentrationsfähigkeit beiträgt. Ergänzt wird sie durch die im Folgenden beschriebene körperliche Komponente.

Das »Hara-Prinzip«

Sich in der richtigen Haltung, mit der richtigen Atmung und Muskelspannung im Unterbauch zu zentrieren kennzeichnet das »Hara-Prinzip«. Der Begriff »Hara« stammt ursprünglich aus dem Japanischen und bedeutet wörtlich »Bauch«. »Im übertragenen

Sinn bedeutet ›Hara‹ eine Gesamthaltung, in der er (der Mensch) dank seiner Verwurzelung in der Leibesmitte in sich eine überpersönliche Dimension erschließt... Der Mensch ist dann in der rechten Mitte, wenn alle seine Organe und Glieder, seine äußeren und inneren Kräfte und Energien ihm automatisch situationsgerecht zur Verfügung stehen und im Sinne der Erhaltung und Entfaltung seiner personalen Ganzheit wirken« (Dürckheim 1981, S.10 ff.).

Zentrierung im Unterbauch, das lange Ausatmen, die lockere, aufrechte Haltung und die mittlere (eutonische) Muskelspannung sind die vier Hauptbestandteile dieser körperorientierten (»Hara«-)Konzentrationsform. Ihre Zusammenführung ermöglicht es, in einen optimalen Konzentrationszustand zu gelangen. Dann befindet man sich in einem Zustand idealer Leistungsfähigkeit (Amler / Bernatzky / Knörzer 2006, S. 11), die Handlungen gelingen fließend, *Flow* wird erreicht. Man verfügt in diesem Zustand über ungeahnte Kräfte, was sich wiederum körperlich testen lässt.

Das Embodiment-Konzept

Das Embodiment-Konzept geht von einer permanenten Wechselbeziehung von Geist (Verstand, Denken, Psyche) und Körper aus, die in die Umwelt eingebettet sind. Nur in der Verknüpfung von Körper und Geist in einer konkreten Umgebung sind Menschen erfolgreich handlungsfähig.

Dieser Ansatz bereichert seit einigen Jahren die wissenschaftliche Diskussion mit einer neuen Sichtweise[16]. In der Vergangenheit befasste sich die wissenschaftliche Psychologie beinahe ausschließlich mit der menschlichen Kognition, die weitgehend unabhängig vom Körper mit seinen Reaktionen untersucht wurde. Lösungen waren Lösungen des Geistes, der Intelligenz und der Kognition. Mit dieser Sichtweise räumten die Embodiment-Forscher gründlich auf – vor allem mit der Illusion, der Mensch könne Körper und Geist trennen und Ziele auf der rein kognitiven Ebene anbahnen und erreichen. Wahrnehmen, Erkennen, aus Informationen Schlüsse ziehen, Ist-Soll-Vergleiche durchführen sind wichtige menschliche Leistungen, die nur unter Mitwirkung von Körper, Körpergefühl und Emotionen zustande kommen.

Menschen drücken ihre Stimmungen, ihre Emotionen und Gefühlszustände in der Körperhaltung, der Mimik und der Gestik aus. Wir kennen den Zustand des »Flow« als der optimalen Verbindung zwischen Körper und Geist. Viele Menschen können dieses Erleben beschreiben, wenn sie hoch konzentriert ihr Ziel erreicht haben und spüren, wie die Glückshormone ausgeschüttet werden und ihnen permanent neue psychische Kraft geben. Maja Storch et al. (2006) nennen dies »Body-Feedback«. Körperliche und psychische Reaktionen wirken sich demnach wechselseitig aufeinander aus. Viele kennen die Siegerpose des jamaikanischen Sprintstars Usain Bolt, der seine

---

16 Zwar stellte bereits Wilhelm Reich in seinen Arbeiten den engen Zusammenhang zwischen Körper und Psyche her. Seine Arbeiten wurden in den vergangenen drei Jahrzehnten jedoch kaum mehr beachtet.

selbstbewusste Psyche über die Körperhaltung nach außen spiegelt, aber auch die niedergeschlagene Körperhaltung des Misserfolgs. Wir können bei uns selbst beobachten, wie unser Körper und unsere Körperhaltungen von psychischen Stimmungen beeinflusst werden.

Interessant dabei ist, dass diese Psyche-Körper-Wechselwirkung in zwei Richtungen verläuft. Zum einen beeinflusst unsere emotionale Stimmung unsere Körperhaltung (»jemand lässt traurig den Kopf hängen«). Zum anderen können wir aber auch durch eine bestimmte Körperhaltung bewusst unsere Stimmung beeinflussen. Wer mit »breiter Brust« in einen Wettkampf oder eine andere Herausforderungssituation geht, kann in sich dadurch Emotionen wie Selbstvertrauen und Zuversicht hervorrufen. In der Zwischenzeit liegen zahlreiche Untersuchungsergebnisse vor, die diesen Zusammenhang bestätigen (Storch et al. 2006, S. 35 ff.). In HKTs machen wir unseren Teilnehmern diesen Zusammenhang mit einer kleinen Übung erfahrbar:

Teil 1: »Setzen Sie sich mit leicht gespreizten Beinen zunächst so auf die vordere Hälfte der Sitzfläche Ihres Stuhles, dass Ihr Rücken frei ist. Machen Sie einen Rundrücken, lassen Sie den Kopf nach unten hängen – Kinn in Richtung Brust – und lassen Sie dabei die Arme zwischen die Beine hängen. Bleiben Sie in dieser Körperhaltung und entwickeln Sie in dieser Position das Gefühl euphorischer Freude…«

Teil 2: »Richten Sie nun den Oberkörper auf, die Wirbelsäule ist gerade, schauen Sie gleichzeitig nach oben zur Decke bzw. zum Himmel. Strecken Sie beide Arme mit offenen Händen nach oben – der Decke / dem Himmel entgegen. Bleiben Sie in dieser Körperhaltung und entwickeln Sie das Gefühl tiefer Niedergeschlagenheit…« Beide Gefühle lassen sich in der jeweiligen Körperhaltung nicht erzeugen. So wird schnell und eindringlich der wechselseitige Zusammenhang von innerer und äußerer Haltung (von Psyche und Körper) deutlich und nachvollziehbar, wie wichtig dabei die Beachtung der äußeren körperlichen Haltung ist. Somit wird im Sinne des Embodiment-Konzeptes verstehbar, warum eine Schulung der Konzentration über Körperübungen möglich und erfolgreich ist.

> **Auf den Punkt gebracht: Grundlagen der Konzentration**
>
> - Konzentriertes Handeln ist zielorientiert.
> - Die Aufmerksamkeit des Handelnden richtet sich geistesgegenwärtig ausschließlich auf Handlungen, die der Zielerreichung dienen.
> - Ziel konzentrierten Handelns ist es, das eigene Bewusstsein mit hoher Aufmerksamkeit zielfokussiert in der Gegenwart zu halten und dadurch Störungen auszuklammern.
> - Körperliche und psychische Reaktionen und Zustände beeinflussen sich wechselseitig und steuern gemeinsam menschliches Handeln.
> - Nur in der Verknüpfung von Körper und Geist sind Menschen erfolgreich handlungsfähig.
> - Der Zustand der Konzentration wird durch das Training der Körperzustände Zentrierung, Haltung, Atmung und Spannung erfahrbar und überprüfbar.

4.3 Praxisanleitung: Konzentration erlebbar machen und trainieren

Bei der Entwicklung des Heidelberger Kompetenztrainings war uns sehr schnell klar, dass wir beim Training der Konzentration das körperliche Erleben in den Vordergrund stellen müssen. Von einem Arbeiten auf der Grundlage rein kognitiver Denkprozesse unterscheiden wir uns deutlich. Erst das körperliche Erleben des Konzentrationszustandes ermöglicht es, in eine entsprechende Haltung zu gelangen, die sich anschließend im positiv orientierten Handeln niederschlägt.

Zentrierung im Unterbauch, das lange Ausatmen, die lockere aufrechte Haltung und die mittlere (eutonische) Muskelspannung sind die vier Hauptbestandteile körperorientierter Konzentration. Im HKT wird dies mithilfe des folgenden Übungsaufbaus erfahrbar.

Zunächst geht es dabei darum, die vier Hauptbestandteile praktisch zu erleben:

- Zentrierung
- Atmung
- Haltung
- Muskelspannung

Übungsfolge

Bei der anschließenden Übungsfolge lernen die HKT-Anwender schrittweise die einzelnen Elemente des Konzentrationserlebens handlungsorientiert kennen. Sie erproben die Einzelelemente, spüren deren Wirkung und werden so ganz allmählich immer näher an den Konzentrationszustand herangeführt.

Die Bedeutung der Zentrierung im »Hara«

Die Übung wird im Stand durchgeführt. Man drückt beidhändig mit den Fingern etwa drei Fingerbreit unter dem Bauchnabel in den Unterbauch.[17] Anschließend werden die Finger durch einen kräftigen Ausatemstoß und gleichzeitiges Anspannen der Bauchmuskulatur wieder hinausgeworfen. Wiederholt man dies mehrere Male, kann man zum einen die Kraft und Energie spüren, die in diesem »Hara«-Punkt vorhanden sind und zum anderen ein Gefühl für seinen Körperschwerpunkt entwickeln.

Die Bedeutung des langen Ausatmens

Die Übenden stehen paarweise hintereinander (möglichst gleich schwer). Der hintere Partner (A) umfasst den vorderen (B) mit beiden Armen. Im ersten Durchgang wird B, während er tief einatmet, angehoben. Im zweiten Durchgang atmet B, während er

---

17 Dieser Punkt entspricht sowohl dem physikalischen Schwerpunkt des menschlichen Körpers als auch (in der ostasiatischen Vorstellung) dem Sitz der Lebensenergie, die von den Japanern »Ki«, von den Chinesen »Chi« genannt wird.

von A angehoben wird, tief aus. Anschließend werden die Rollen gewechselt. Es folgt ein Austausch über die gemachten Erfahrungen.

Bei dieser Übungsfolge sollen die Übenden den Unterschied zwischen verschiedenen (Atem-)Zuständen wahrnehmen. Sie sollen erkennen, dass das Anheben des Partners dann schwerer fällt, wenn dieser gerade ausatmet. Diese Erfahrung verdeutlicht ihnen den Wert des langen und tiefen Ausatmens für eine gute Stabilität.

Die Bedeutung der richtigen Haltung für den richtigen Standpunkt

Ein Partner stellt sich in »militärischer Haltung« (Bauch eingezogen, Brust raus, Gesäßmuskel anspannen) mit angehaltener Atmung auf. Mit leichtem Druck auf das Brustbein soll er nun aus dem Gleichgewicht gebracht werden. Im zweiten Durchgang steht der Partner im »Hara« zentriert, mit leicht gebeugten Knien und langem Ausatmen und soll in diesem Zustand erneut aus dem Gleichgewicht gebracht werden, was dieses Mal sehr viel schwieriger gelingt.

Abb. 17: Sich im »Hara« zentrieren

Die Übenden sollen hierbei erkennen, wie wichtig eine gute Haltung, ein richtiger »Standpunkt«, für erfolgreiches Handeln ist. Erst die richtige Haltung, verknüpft mit dem langen Ausatmen, schafft die Voraussetzung für konzentriertes und damit erfolgreiches Handeln.

Die Bedeutung der mittleren Spannung

Einer der beiden Partner legt sich mit dem Rücken gestreckt auf den Boden. Der andere Partner umfasst dessen Beine an den Fußgelenken und hebt ihn leicht an. Zunächst bleibt der Liegende ganz locker und entspannt, sodass sich seine Beine und Arme ohne Anstrengung bewegen lassen wie bei einer Puppe. Als Nächstes macht er sich durch Anspannung aller Muskeln zu einem »Brett« und wird vom Partner in diesem Zustand erneut an den Fußgelenken angehoben und für kurze Zeit so gehalten.

In einem dritten Durchgang versucht der am Boden liegende Partner, gerade so viel Spannung im Körper zu entwickeln, dass er beim Anheben im Hüftgelenk

Abb. 18: Das lange Ausatmen

Abb. 19: Die richtige Haltung

Abb. 20: Die mittlere Körperspannung

Abb. 21: Der »Unbeugsame Arm«

gestreckt bleibt. Wer möchte, kann hier mit der optimalen Spannung regelrecht spielen.

Bei dieser Übung geht es darum, dass die Übenden erkennen, wie schwer es ist, diese Position bei voll angespannter Muskulatur auch nur über einen kurzen Zeitraum zu halten, und wie schnell die Ermüdung einsetzt, wohingegen die gleiche Position im Zustand der mittleren Körperspannung mit sehr viel weniger Anstrengung viel länger gehalten werden kann.

Der »unbeugsame Arm« als Abschlusstest

Die Abschlussübung dient als Test, um zu überprüfen, ob der Übende die vier Komponenten der Konzentration optimal zusammenführen und abrufen kann. Ein Partner streckt einen Arm zur Seite aus (Handfläche zeigt nach oben) und versucht, diesen gestreckt zu halten. Der andere Partner versucht, diesen gestreckten Arm zu beugen. Dabei umfasst er den Unterarm des Partners mit seiner Hand von unten und vor dem Handgelenk, die andere Hand liegt oben auf dem Bizeps.

a) Beide Partner »kämpfen« zunächst mit größtmöglicher Kraftanspannung gegeneinander. Versucht man mit großer Muskelkraft den Beugungsversuchen zu begegnen, so wird bei gleich starken Partnern der Beugende ohne große Schwierigkeiten zum Erfolg kommen.

b) Der Partner mit dem ausgestreckten Arm zentriert sich im »Hara« und nimmt die aufrechte Haltung in mittlerer Spannung ein. Wenn er diesen Zustand aufgebaut hat, signalisiert er seinem Partner durch ein Kopfnicken, dass dieser jetzt mit seinen Beugeversuchen beginnen kann. Während der Beugeversuche des anderen atmet er zusätzlich lange aus. Der Arm ist nun nicht mehr zu beugen. Selbst bei größerer Muskelkraft des beugenden Partners bleibt der Arm »unbeugsam«!

Die hier beschriebene Übungsfolge (der Einfachheit wegen nennen wir die Übungsfolge »Unbeugsamer Arm«) ermöglicht es, das Zusammenspiel der vier Hauptbestandteile der körperorientierten Konzentration zu erleben und die daraus resultierende konzentrative Kraft zu spüren. Im HKT ist diese Übungsfolge in der Regel die Basisschulung der Konzentration. Wir weichen nur dann davon ab, wenn es der räumliche Kontext oder die Zielgruppe nicht ermöglicht, solche doch etwas bewegungsintensiveren Partnerübungen durchzuführen. In diesem Fall greifen wir auf die einfacheren Körperübungen zurück, wie wir sie sonst zur Vertiefung bei der Entwicklung des Konzentrationssymboles einsetzen.

Entwicklung eines Konzentrationssymboles

Die folgende Einheit zur Entwicklung einer Konzentrationsmetapher kann der Vertiefung der bereits in der vorherigen Übungsfolge gemachten Konzentrationserfahrung dienen. Sie kann unter Umständen auch als Erstzugang zur Konzentration gewählt werden.

Die Vorgehensweise ist zunächst der vorherigen Übungsfolge sehr ähnlich. Wieder werden die vier Zugänge zur Konzentration über vier einfache Körperübungen erfahrbar gemacht. Dabei wird aus dem unmittelbaren Erleben heraus für jeden dieser Zugänge ein Symbol gefunden und visualisiert. Schließlich wird bei der Zusammenführung der vier Komponenten zur Gesamtkonzentration ein integratives Konzentrationssymbol gefunden und visualisiert.

Die gesamte Visualisierung kann auf einem Blatt erfolgen, wobei die gefundenen Symbole in die entsprechenden Felder hineingemalt werden:

Mein Konzentrationssymbol

Zentrierung	Atmung
Haltung	Muskelspannung

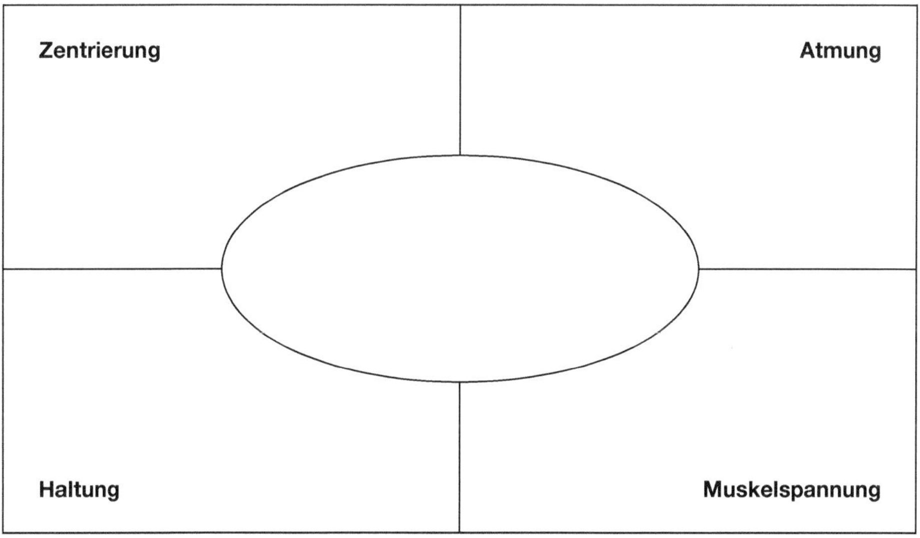

Abb. 22: Arbeitsblatt zur Entwicklung eines Konzentrationssymbols

Die Einzelkomponenten versinnlichen

Jeder der vier Konzentrationszugänge wird über eine einfache Körperübung zugänglich gemacht. Während der Ausführung der Übungen werden die Teilnehmer angehalten, unmittelbar aus dem Erleben des jeweiligen Zustandes heraus ein dazu passendes Symbol zu finden. Das spontan gefundene Symbol wird direkt danach in das entsprechende Feld des Arbeitsblattes gemalt.

Zentrierung: »Seinen Schwerpunkt im ›Hara‹ finden«. Die Übung wird im Stehen ausgeführt. Man drückt mit den Fingern beider Hände etwa drei Finger breit unter dem Bauchnabel in den Unterbauch. Dieser Punkt entspricht bei einer mittleren Muskelspannung dem physikalischen Schwerpunkt des menschlichen Körpers. In der ostasiatischen Tradition wird hier der Sitz einer Energie angenommen, die die Japaner »Ki« und die Chinesen »Chi« nennen. Nun werden die Finger mit einem kräftigen Stoß der Bauchmuskulatur wieder hinausgeworfen, gleichzeitig wird mit einem kräftigen Atemstoß ausgeatmet. Diese Abfolge wird mehrmals wiederholt, bis die Übenden ein Gefühl für diesen Punkt entwickelt haben. Dieser Punkt, den die Japaner »Hara« nennen, spielt eine zentrale Rolle in den ostasiatischen Bewegungskünsten und der traditionellen chinesischen Medizin.

a) Atmung: Übung »Atem schöpfen«
   »Stehe locker (in den Knien leicht gebeugt), etwa schulterbreit. In der Vorstellung hältst du mit den Handflächen, die nach oben zeigen, einen großen Wasserball in Bauchhöhe vor dem Körper. Beim Einatmen nimmst du die Hände langsam bis in Brusthöhe und drehst dann die Handflächen nach unten. Beim Ausatmen drückst du den Ball nach unten bis zur Ausgangsposition. Dieser Vorgang wird einige Male wiederholt. Die Abwärtsbewegung sollte man so ausführen, als wolle man den Wasserball allmählich unter Wasser drücken.«
b) Haltung: Übung »Der Baum«
   »Stelle dich mit geradem Rücken auf. Die Füße stehen schulterbreit auf dem Boden. Lasse die Schultern locker hängen. Schließe die Augen und achte auf deine Atmung. Lasse den Atem ganz ruhig ein- und ausströmen. Stelle dir vor, du seist ein Baum … Die Wurzeln unter deinen Füßen reichen tief hinein in die Erde … Vielleicht spürst du die Sicherheit, die dir diese Wurzeln geben … Deine Arme beginnen sich langsam nach oben zu bewegen. Stelle dir vor, es seien die Äste und Zweige des Baumes, die wachsen und sich in den Himmel strecken … Spüre nach, wie die Energie von den Wurzeln in der Erde unter deinen Füßen durch den Stamm bis in die Spitzen der Zweige fließt … Lass dieses Gefühl eine Weile auf dich wirken … Lass' die Arme dann langsam sinken und kehre mit dem Gefühl, so sicher auf deinen Beinen zu stehen wie dieser Baum in der Erde, zurück in diesen Raum, beginne dich zu bewegen, zu strecken und nimm deine Umgebung in diesem Raum wieder bewusst wahr.«

c) Muskelspannung: Übung »Das Militär und die Gaukler«
»Versuche, eine militärische Grundhaltung einzunehmen. Du stehst mit geschlossenen Beinen und durchgedrückten Knien stramm da, wie die Soldaten einer Ehrenformation. Der Bauch ist eingezogen. Die Muskeln des Körpers sind angespannt. Du hast in den Brustkorb eingeatmet und anschließend die Luft angehalten. Halte diese Position einige Sekunden, bevor du in eine ganz andere Position wechselst, die der Gaukler und Spaßmacher, die locker in allen Gelenken durch die Gegend hüpfen können, nach allen Richtungen beweglich sind. Bewege dich auf der Stelle, lockere alle Gelenke, schlenkere die Arme an deinem Körper und atme bei all diesen Übungen in den Bauch ein und aus. Du wirst feststellen, dass all die Spannung und Verkrampftheit von dir abfallen und du beinahe so etwas wie das Lebensgefühl spüren kannst, das die Gaukler seit vielen Jahrhunderten ausstrahlen.«
d) Um die Wirkung wirklich spürbar zu machen, lohnt es sich, mehrmals die Positionen zu wechseln: von der Spannung in die Lockerheit und zurück.
(vgl. Amler / Knörzer 1995)

Nachdem so alle vier Zugänge körperlich erlebbar gemacht wurden und das jeweils passende Symbol gefunden und visualisiert wurde, werden alle vier Bausteine über die Visualisierung der einzelnen Symbole zur Konzentration zusammengeführt. Diese wird dann mithilfe des »Unbeugsamen Arms« getestet. Dabei lässt man ein integratives Symbol für die Konzentration entstehen: »Welches Bild, welcher Gedanke, welche Idee kommt dir in den Sinn, wenn du an die absolute Konzentration denkst?«, oder: »Welches Bild kann die vier Einzelbilder zusammenfassen?« Dieses wird abschließend im mittleren Feld des Arbeitsblattes festgehalten.

Abb. 23: Konzentrationssymbole aus einer Grundschulklasse

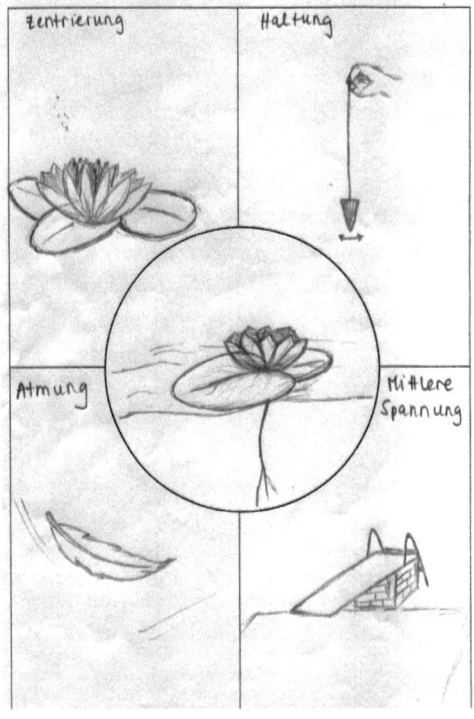

Abb. 24: Konzentrationssymbole aus der Hochschule

Nach Abschluss dieser Einheit haben die Teilnehmer ihre persönliche Metapher für »Konzentration« gefunden. Diese wird in den HKT-Baum übertragen. Sie kann immer wieder abgerufen werden, um einen schnellen Zugang zur Konzentration zu finden. Wichtig ist, dass sich beim Abrufen des Konzentrationssymbols das Körpergefühl der Konzentration einstellt und sich mehr und mehr im Erleben verfestigt.

Nachdem die Zugänge zur Konzentration erkannt, der Zustand der Konzentration erfahren und über die Körperübungen und die Konzentrationsmetapher in unterschiedlichen Kontexten zugänglich gemacht wurde, ist die zweite Trainingsphase abgeschlossen. Die Fokussierung auf das angestrebte Ziel gelingt nun leicht, das vorhandene persönliche Potenzial, die persönlichen Ressourcen, können zur Zielerreichung aktiviert (Phase 3) und gegen Störungen abgeschirmt werden (Phase 4).

5 Trainingsphase 3: Stärken stärken

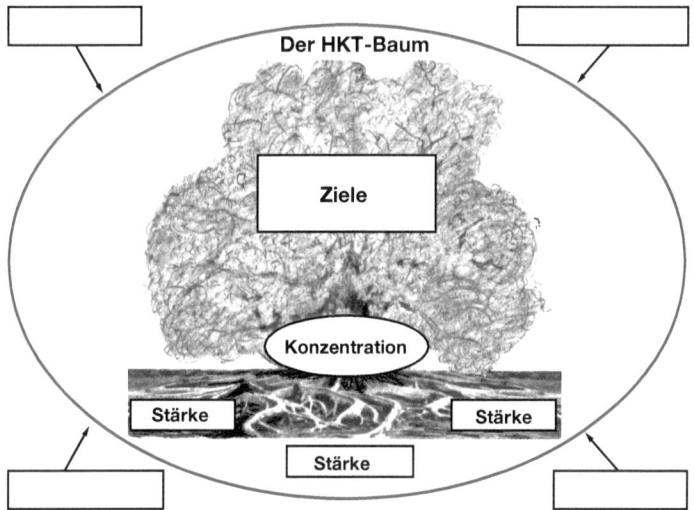

Nachdem in der zweiten Phase des HKTs der Fokus auf die Konzentration gerichtet und die Erschließung der persönlichen Potenziale vorbereitet wurde, geht es im dritten Schritt darum, genau die Ressourcen einer Person zu aktivieren, die sie dabei unterstützen, das Ziel erfolgreich zu erreichen.

5.1 Standard für die Phase »Stärken stärken«

Zunächst definieren wir auch hier einen evaluierbaren Standard, der nach erfolgreichem Abschluss dieser Trainingsphase erreicht wird. Für Trainingsphase 3 ist der Standard folgendermaßen formuliert:

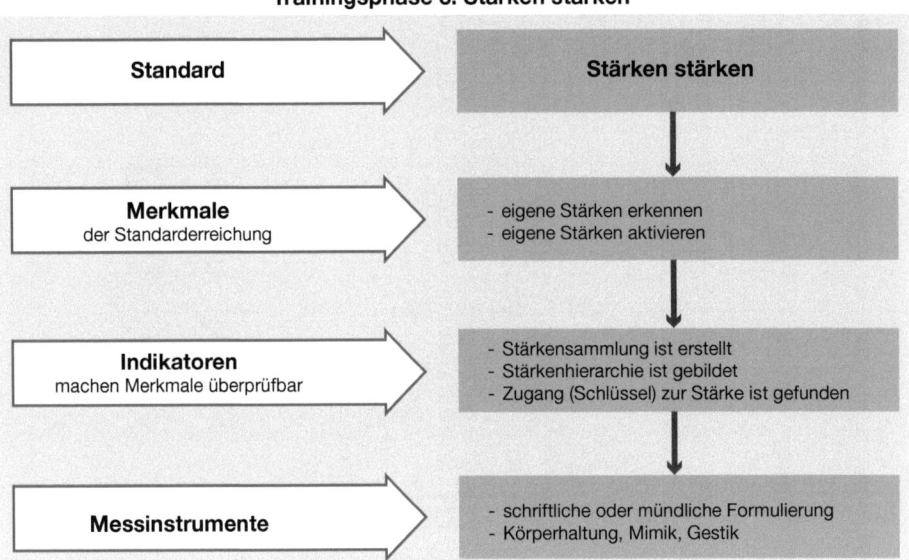

Abb. 25: Standard »Stärken stärken«

Der Standard »Stärken stärken« ist dann erfüllt, wenn die Teilnehmer die eigenen Stärken erkennen und bei Bedarf aktivieren können. Überprüfbar ist dies anhand der erstellten Stärkensammlung, einer aufgestellten Stärkenhierachie und des Findens eines persönlichen Zugangs zu den eigenen Stärken, vor allem dann, wenn es darauf ankommt. Die Überprüfung erfolgt über ein schriftliches und mündliches Feedback sowie über die Beobachtung der nonverbalen Reaktionen der Teilnehmer.

Das Heidelberger Kompetenztraining baut konsequent auf eine stärkenorientierte Herangehensweise. Neben der Schulung der Konzentrationsfähigkeit als allgemeiner zielführender Stärke im zweiten Teilschritt des HKT zeigt sich dies im folgenden dritten Teilschritt »Stärken stärken«. Ziel ist es, den HKT-Anwendern ihre bereits vorhandenen eigenen Stärken ins Bewusstsein zu rücken und ihnen zugleich Wege aufzuzeigen, wie sie diese Stärken bewusst bei der Realisierung ihrer Ziele einsetzen können.

5.2 Theoretische Grundlagen der Stärkenarbeit

5.2.1 Ressourcenaktivierung

Mit der systematischen Aktivierung der persönlichen Stärken kommt im HKT eine Strategie zur Anwendung, die sich aus der Perspektive der Konsistenztheorie als die zentrale Förderstrategie herausstellt – die Ressourcenaktivierung. Auf dem Weg einer »gezielten Aktivierung der Stärken des [Menschen] über Interventionen, bei denen er sich als jemand mit positiven Zielen und Fähigkeiten erfahren kann« (Smith/Grawe, 2003, S. 115), sollen dem Menschen bedürfnisbefriedigende Erfahrungen eröffnet werden. Die ersten beiden Übungen dieses Bausteins – »Stärkenanalyse« und »Stärken-Feedback« –, die die Ressourcenaktivierung über ein inhaltliches Thematisieren bzw. Verbalisieren eigener Stärken umsetzen, stehen vorrangig im Dienste der Befriedigung des psychischen Grundbedürfnisses nach Selbstwerterhöhung. Sich mit seinen persönlichen Stärken zu beschäftigen und diese von anderen Personen zurückgemeldet zu bekommen führt zu selbstaufwertenden Wahrnehmungen und ermöglicht es, sich von einer positiven Seite sehen zu können.

Alle nachfolgenden Schritte des Stärkenbausteins rücken die persönlichen Stärken in den Fokus, die zur Erreichung des jeweils verfolgten Ziels von besonderer Bedeutung sind. Dies eröffnet bedürfnisbefriedigende Erfahrungen bezüglich des Kontrollbedürfnisses – des Bedürfnisses danach, etwas zu können, was zur Herbeiführung der eigenen Ziele bedeutsam ist. Wenn sich Menschen im HKT ihrer zielführenden Stärken bewusst werden und in verschiedenen Übungen eigene Stärkensituationen aus der Vergangenheit intensiv nacherleben (Übung: »Die Schlüssel zu meiner Stärke«) oder aber auch zukünftige Stärkenmomente vorweg erleben (Übung: »Stärkenvisualisierung«), hat dies einen positiven Effekt auf ihre Kontrollüberzeugungen und Selbstwirksamkeitserwartungen. Es wird die Überzeugung gestärkt, dass die Erreichung des jeweils angestrebten Ziels aus eigener Kraft machbar ist. Diese Überzeugung wird weiterhin dadurch gefördert, dass sich die HKT-Anwender »Schlüssel« erarbeiten, mit deren Hilfe sie ihre zielführenden Stärken genau dann aktivieren können, wenn dies für die Zielrealisierung bedeutsam ist. Mit der Eröffnung solcher positiven, bedürfnisbefriedigenden Erfahrungen werden zwei Haupteffekte angestrebt, die mit der Ressourcenaktivierung eng verbunden sind (Grawe 2004).

Zum einen führt die Ressourcenaktivierung unmittelbar zu einer Steigerung des Gefühls, dass die eigenen Zielvorstellungen realistisch erreichbar sind. Dies wirkt sich nicht nur positiv auf das subjektive Wohlbefinden aus, sondern führt darüber hinaus im Gehirn zu einer Freisetzung von Botenstoffen (vor allem Dopamin und Adrenalin), die die Leistungsfähigkeit und Lernbereitschaft des Gehirns massiv erhöhen. Der Mensch gelangt über die Aktivierung seiner Stärken/Ressourcen in eine von Wohlbefinden und optimaler psychischer Leistungsfähigkeit geprägte Verfassung, welche die Grundlage für ein erfolgreiches Zielstreben bildet.

Zum anderen führt die Aktivierung der Stärken/Ressourcen dazu, dass das motivationale Annäherungssystem des Menschen aktiviert wird. Die Aktivierung des Annäherungssystems versetzt den Menschen in einen Zustand optimaler Leistungsfähigkeit: »Die ganze psychische Aktivität ist positiv und auf Annäherung ausgerichtet statt auf Abwehr und Vermeidung« (Grawe 2004, S. 409). In solch einem Zustand ist der Mensch ganz auf seine Annäherungsziele – auf das, was er erreichen möchte, und nicht auf das, was er befürchtet und vermeiden möchte (Vermeidungsziele) – fokussiert. Dies ermöglicht eine effektive Zielverfolgung. Zugleich wird durch die Aktivierung des Annäherungssystems das Vermeidungssystem aktiv gehemmt. Negative

Emotionen wie Angst und die für die Zielerreichung so ungünstigen Vermeidungsprogramme können so keine Macht über das psychische Geschehen erlangen.
Insgesamt wird der Mensch über die Ressourcenaktivierung in einen Zustand versetzt, der ihm ein effektives Zielstreben ermöglicht und so eine erfolgreiche Zielerreichung wahrscheinlich macht.

Grawe und Grawe-Gerber (1999, S. 69 ff.) unterscheiden grundsätzlich zwei unterschiedliche Vorgehensweisen der Ressourcenaktivierung: Die vorhandenen Stärken und Fähigkeiten eines Menschen können einmal dadurch aktiviert werden, dass sie inhaltlich thematisiert werden. Dies kann über ausdrückliches Verbalisieren der Stärken in sozialer Interaktion ebenso wie auch über eine schriftliche Auseinandersetzung mit den eigenen Stärken geschehen. Dieses Vorgehen spricht mit seiner verbal-analytischen Vorgehensweise den rationalen Verstand an. »Das direkte Ansprechen von Ressourcen hat den Vorteil, dass die Ressource zum Thema werden kann, dadurch sprachlich explizit und bewusst einsetzbar wird« (Flückiger / Wüsten 2008, S. 21). Zum Einsatz kommt diese Strategie bei den Übungen »Stärkenanalyse« und »Stärken-Feedback«.

Dagegen spricht die »prozessuale Ressourcenaktivierung« über ein unmittelbares sinnliches Erlebbarmachen der eigenen positiven Fähigkeiten verstärkt den Erfahrungsverstand an. Der Mensch soll sich in seiner Stärke erfahren und sich als kompetent erleben. Diese Strategie wird im HKT durch die Übungen »Die Schlüssel zu meiner Stärke« und »Stärkenvisualisierung« umgesetzt.

Grundsätzlich gilt: »Ressourcenaktivierung kann sich beider Möglichkeiten einzeln oder in Kombination bedienen« (Grawe / Grawe-Gerber 1999, S. 70). Im Sinne unseres methodischen Grundprinzips der Parallelität von digitalen und analogen Denk- und Erlebensprozessen kommen im HKT beide Ressourcenaktivierungsstrategien in Kombination zum Einsatz.

5.2.2 Ressourcenaufbau

Die Aktivierung der persönlichen Ressourcen, wie wir sie im HKT vornehmen, führt die Teilnehmer in einen Zustand positiver Emotionalität. Die Prozesse, die dabei ablaufen, beschreibt Fredrickson (2002) in ihrer »Broaden-and-build-Theorie«. Der zentrale Gedanke, den wir für das HKT festhalten wollen, besagt, dass die Aktivierung der Ressourcen und Stärken der HKT-Anwender – vermittelt über die dadurch hervorgerufene positive Emotionalität – zahlreiche Prozesse in Gang setzt, die allesamt in Richtung einer optimalen Leistungsfähigkeit wirken. Dies ist eine wesentliche Voraussetzung dafür, dass die im ersten HKT-Teilschritt erarbeitete Zielsetzung erfolgreich realisiert werden kann.

Durch das Erleben positiver Emotionen erweitert sich das Denk-Handlungs-Repertoire einer Person. Der »Broadening-Effekt« bezeichnet einen erweiterten Aufmerksamkeitsfokus sowie eine erhöhte Flexibilität, Kreativität und Rezeptivität im Denken. Der daraus resultierende vergrößerte kognitive Suchbereich (Fredrickson

2002, S. 123 ff.), schlägt sich im Handlungsbereich als gesteigerte Tendenz zum Spielen, Explorieren, Genießen und Integrieren nieder.
Durch den Broadening-Effekt gelangen Menschen in den Zustand optimalen Funktionierens und suchen zugleich verstärkt herausfordernde Handlungssituationen auf. Über die Bewältigung solch herausfordernder (Spiel-, Explorations-, ...) Situationen im Zustand optimalen Funktionierens bauen sie dauerhafte personale Ressourcen im physischen, sozial-emotionalen und intellektuellen Bereich auf, die nachhaltig ihre Persönlichkeitsentwicklung vorantreiben. Dies macht den »Building-Effekt« der *broaden-and-build theory* aus (Fredrickson 2002, S. 125 ff.).

Fredrickson (2002) zeigt mit ihrer Emotionstheorie auf, dass positive Emotionen – trotz ihrer Kurzlebigkeit – nicht nur kurzfristig, sondern auch dauerhaft eine optimale Leistungsfähigkeit des Menschen fördern.

5.3 Praxisanleitung Stärken stärken

Im Folgenden möchten wir exemplarisch vorstellen, wie im HKT Stärken aktiviert werden können. Die dargestellte Vorgehensweise hat sich in unterschiedlichen Kontexten und bei unterschiedlichen Zielgruppen bewährt.
1. Zunächst nimmt jeder Trainingsteilnehmer eine persönliche Analyse seiner Stärken vor (Stärkenanalyse unspezifisch).
2. Das Stärken-Feedback durch andere gibt anschließend weitere Anregungen, über die eigenen Stärken zu reflektieren.
3. Aus der Summe aller persönlichen Stärken werden daraufhin diejenigen ausgewählt, die den Zielerreichungsprozess unterstützen können (Stärkenanalyse spezifisch).
4. Schließlich werden drei dieser zielspezifischen Stärken für die weitere Vorgehensweise ausgewählt.
5. Ein Erlebens-»Schlüssel« macht diese Stärken zugänglich.
6. Die abschließende Stärkenvisualisierung festigt die mentale Repräsentanz der Stärken.

5.3.1 Praxisanleitung Stärkenanalyse

Stärkensonne (Stärkenanalyse unspezifisch)

Mit diesem Übungsformat sammeln die Übenden zunächst unspezifisch all ihre eigenen Stärken. Je nach Zielgruppe (z. B. jüngere Schüler) ist es sinnvoll, zuvor zu erklären, was eine Stärke ist. Dadurch werden sie sich ihrer eigenen Stärken bewusst und bauen eine emotional positive Verknüpfung zu diesen auf. Die gefundenen Stärken werden in das Arbeitsblatt »Stärkensonne« (KV 14) eingetragen. Damit entsteht eine übersichtliche Sammlung der persönlichen Stärken. Unsere Erfahrungen im HKT zeigen, dass die Stärkenanalyse für viele eine erste kraftvolle Bewusstmachung der eigenen Stärken bedeutet. Allerdings haben wir auch erlebt, dass Kinder und Jugendliche, die sehr viele negative Erfahrungen mit ihren Handlungsstrategien gemacht haben, Probleme haben, eigene Stärken zu formulieren. Hier bedarf es einer individuellen Beratung.

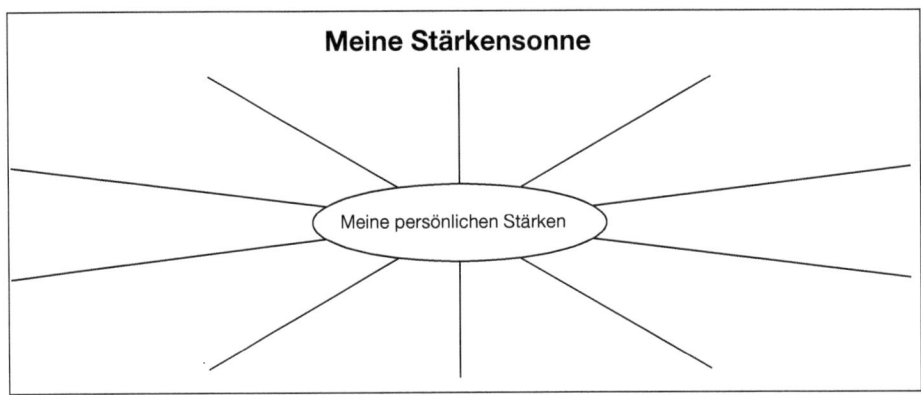

Abb. 26: Stärkensonne

Stärken-Feedback (Stärkenanalyse unspezifisch)

In der Übung »Stärken-Feedback« bekommt der Anwender persönliche Stärken von den anderen Teilnehmern zurückgemeldet. Sollten dabei für ihn neue Stärken auftauchen (die nicht bereits in Schritt 1 in die Stärkensonne eingetragen wurden), ergänzt er diese anschließend in seiner Stärkensonne. Für die Durchführung des Stärken-Feedbacks gibt es mehrere Varianten:

Partnerform
Der Feedback-Geber nennt im Brainstorming-Stil alle Stärken, die ihm spontan zum Feedback-Nehmer einfallen. Es darf dabei intuitiv »fantasiert« werden, was dem Feedback-Geber einfällt ist richtig und darf ausgedrückt werden. Der Feedback-Nehmer hört sich das Feedback schweigend an und lässt sich inspirieren. Anschließend werden die Rollen gewechselt.

Vierer Gruppenform
Eine Person sitzt auf dem »Ressourcenstuhl« und erhält von den anderen drei Gruppenmitgliedern zwei bis drei Minuten lang ein Stärken-Feedback. Danach werden die Rollen getauscht bis jedes Gruppenmitglied einmal Feedback-Nehmer war.

Großgruppenform (ab zehn Teilnehmenr)

Es werden zwei Stuhlreihen gebildet; die Teilnehmer sitzen sich paarweise gegenüber. Auf ein akustisches Signal hin beginnt Reihe A mit dem Stärken-Feedback für Reihe B (Dauer: 30 bis 60 Sekunden). Jetzt erfolgt der Rollentausch (B gibt Feedback – A hört zu). Danach wechseln beide Reihen nach links einen Stuhl weiter. Empfehlenswert sind vier bis acht Durchgänge.

»Schildkrötenmethode« (besonders für jüngere Teilnehmer geeignet)

Jedes Gruppenmitglied bekommt ein Blatt Papier mit der Aufschrift »Meine Stärken« mit Kreppband auf den Rücken geklebt. Aufgabe an die Gruppe ist es, jedem Gruppenmitglied fünf Stärken auf sein Blatt zu schreiben (jeder Schreiber darf allerdings nur eine Stärke pro Blatt aufschreiben). Die Gruppenmitglieder bewegen sich frei im Raum und füllen nach und nach die Blätter der anderen aus. Sind auf jedem Blatt fünf Stärken vermerkt, dürfen die Blätter abgenommen und gelesen werden.

»Stärkendusche«

Ein Gruppenmitglied steht mit dem Rücken zur restlichen Gruppe vor einer Tafel bzw. einem Flipchart. Die Gruppenmitglieder rufen dem Feedback-Nehmer im Brainstorming-Verfahren seine Stärken zu. Dieser notiert all das, was ihm zusagt, auf der Tafel.

Der Stärkenstrauß (Stärkenanalyse spezifisch)

Die Übung baut auf der Gesamtsammlung der eigenen Stärken auf und dient der Klärung der speziell für das formulierte Ziel förderlichen Stärken. Die Übenden wählen aus ihrem Stärken-Gesamtpaket diejenigen Stärken aus, die für das Erreichen des angestrebten Ziels hilfreich sind, und übertragen diese in das Arbeitsblatt »Mein Stärkenstrauß« (KV 16).

Abb. 27: Stärkenstrauß

Abschließend werden die für die angestrebte Zielsetzung wichtigsten drei Stärken aus dem Stärkenstrauß in die drei Stärkenfelder des HKT-Baumes übertragen.

Exkurs

Bevor wir in einem nächsten Schritt die Stärkenaktivierung erläutern, möchten wir mit dem Exkurs »Stärken modellieren« eine Lösungsmöglichkeit für den Fall beschreiben, dass es Personen nicht gelingt, einen Zugang zu ihren Stärken aufzubauen.

> **»Stärken modellieren«**
>
> In unserer Arbeit im HKT sind wir immer wieder auf Personen getroffen, die keinen Zugang zu bestimmten Stärken zu haben glauben und deshalb in ihrer Handlungsfähigkeit eingeschränkt sind. Für diese Personen nutzen wir eine Möglichkeit des Mentaltrainings: das Modellieren von Stärken. Dabei wird auf eine Art des Lernens zurückgegriffen, die Kinder und Jugendliche von Natur aus anwenden. Sie imitieren Personen, die für sie als Vorbilder interessant und nachahmenswert sind. Für fußballbegeisterte Kinder kann z. B. gelten: »Ich möchte so sein wie Sebastian Schweinsteiger.« Solche und ähnliche Vorbilder, denen junge Menschen nachstreben, finden sich in nahezu allen Bereichen.
> Zunächst geht es darum, die gewünschte Stärke zu ermitteln, die bei der Erreichung des eigenen Zieles hilfreich sein kann. Mithilfe einer Fantasiereise erinnern sich die Übenden an eine Person, die die entsprechende Stärke oder wichtige Teile davon besitzt oder besaß. Die Übenden sollen sich intensiv an diese Person erinnern, sich vorstellen, wie sie aussah, wie sie sich beim Sprechen anhörte, wie sie sich bewegte und handelte, wenn sie ihre spezielle Stärke zeigte. Diese Wunschstärke wird innerlich benannt und schriftlich festgehalten. In einem weiteren Schritt erläutern die Übenden einem Partner die jeweilige besondere Stärke verbal und gestisch. Vor allem die zur Stärke passende Geste spielt dabei eine zentrale Rolle. Um die vorgestellte Stärke nachhaltig zu verankern, sollte dieser Schritt mehrfach wiederholt werden. Zum Schluss wird die Stärke in den Stärkenstrauß aufgenommen.

Nach dem Füllen des Stärkenstraußes und der Übertragung der drei für die Zielerreichung wichtigsten Stärken in den HKT-Baum folgt in einem nächsten Schritt die Stärkenaktivierung.

5.3.2 Praxisanleitung Stärkenaktivierung

Der Schlüssel zu meiner Stärke

Mit dem Stärkenschlüssel werden die Übenden in ihr inneres Erleben geführt. Sie haben die Aufgabe, sich eine der Stärken auszuwählen, die sie für die Zielerreichung besonders benötigen. Anschließend werden sie aufgefordert, sich in ihrem inneren Erleben an eine frühere Erfolgssituation zu erinnern, in der sie genau über diese Stärke verfügen konnten. In ihrer Erinnerung nehmen sie Bezug auf diese Referenzerfahrung. Die erinnerte Situation wird genau beschrieben, sodass die Übenden eine klare Vorstellung dieser Stärke aufbauen können. Es ist wichtig, dass die Übenden diese Stärke emotional positiv erleben. Danach gilt es, einen individuellen »Schlüssel« zu finden, mit dem die Übenden sich ihre Stärke schnell wieder zugänglich machen können. Für manche Übenden ist es eine Bildmetapher oder ein Symbol, für andere ein Satz oder eine Bewegung. Entscheidend ist, dass eine Verknüpfung des »Schlüssels« mit dem inneren Erleben sichergestellt ist. Die Übenden müssen nach einigen Wiederholungen über ihren Schlüssel in das positive Erleben der Stärke kommen können. Das Vorgehen lässt sich mit allen für die Zielerreichung notwendigen Stärken durchführen.

Folgende Leitfragen werden dabei gestellt:

Der Schlüssel zu meiner Stärke

1. **Stärke wählen**
   Wähle die Stärke aus, die du zur Verfügung haben möchtest. Diese kann der wichtigsten Stärke in deinem HKT-Baum entsprechen.

2. **Erinnere eine Situation**
   Suche in deiner Erinnerung eine Situation, in der du diese Stärke intensiv zur Verfügung hattest. Wenn dir mehrere Situationen einfallen, wähle eine davon aus.
   - Wo hat das Ganze stattgefunden? Wie sah die Umgebung aus?
   - Was genau hast du getan?
   - Wie hast du das getan?

3. **»Schlüssel« finden**
   Wenn das Erlebnis intensiv präsent ist und du das Gefühl hast, in Kontakt mit deiner Stärke zu sein, beantworte diese Fragen:
   - Welcher innere Satz passt zu diesem Erleben?
   - Welche Geste, welche Bewegung fällt dir spontan dazu ein?
   - Welches Bild, welches Symbol fällt dir ein?

4. **»Schlüssel« stärken**
   Übe nun, diesen Schlüssel in verschiedenen Situationen einzusetzen und durch ihn in Kontakt zu deiner Stärke zu gelangen. Der Schlüssel öffnet dir immer wieder die Tür zum Spüren deiner Stärke.

Aus trainingsmethodischer Sicht ist es notwendig, die neuronal geschaffenen Verbindungen durch kontinuierliches und wiederholtes Üben zu festigen, damit der »Schlüssel« stabil abrufbar wird. Dieser neu gewonnene »Schlüssel« kann als Ressource bei der Zielrealisierung dienen. Während es sich bei dem »Schlüssel zu meiner Stärke« um eine Individualübung handelt, ist die folgende Übung der Stärkenvisualisierung als Gruppenübung aufgebaut. Sie kann zur Vertiefung der »Schlüssel-Übung« eingesetzt werden.

Stärkenvisualisierung

Die Stärkenvisualisierung nutzt wie auch die Zielvisualisierung zum einen die positive Wirkung der Entspannung, zum anderen die Kraft der inneren Vorstellung. Die Übenden werden in einen entspannten Zustand hineingeführt (vgl. KV 19: »Stärkenvisualisierung«). In diesem rufen sie zunächst ihren Stärkenschlüssel ab und erinnern sich an die Situation, in der sie mit ihrer Stärke oder auch mit einem Stärkenbündel erfolgreich gehandelt haben. Das positive Erfolgsgefühl wird noch einmal intensiv erlebt. Anschließend wenden sie diese Stärke in ihrer Vorstellung in ihrem Zielerreichungsprozess an. Wir verwenden hier wieder die Leinwandtechnik. Die Übenden sehen sich jetzt in ihrer inneren Vorstellung zu, wie sie ausgestattet mit ihren Stärken ihren Zielweg gehen und ihr Ziel erreichen. In einem nächsten Schritt werden sie selbst Teil des

Films und erleben am eigenen Körper die positive Zielerreichung, was zur Verankerung dieses Erfolgserlebens im Erfahrungsverstand führt. Am Ende werden sie aus der Entspannung zurück in die Gegenwart geleitet.

Mit der gelungenen Stärkenaktivierung ist die dritte Phase des HKT-Trainings erfolgreich abgeschlossen. Die Teilnehmer haben erfahren, wie sie ihr Ziel richtig setzen, sich darauf konzentrieren können und wie sie die zur Zielerreichung benötigten Stärken auswählen und aktivieren können. Die Grundlagen für eine erfolgreiche Zielerreichung sind damit gelegt. Das HKT setzt an dieser Stelle mit einer vierten Phase an, die die Zielrealisierung gegenüber möglichen Störungen abschirmt.

6 Trainingsphase 4: Die Zielintention abschirmen

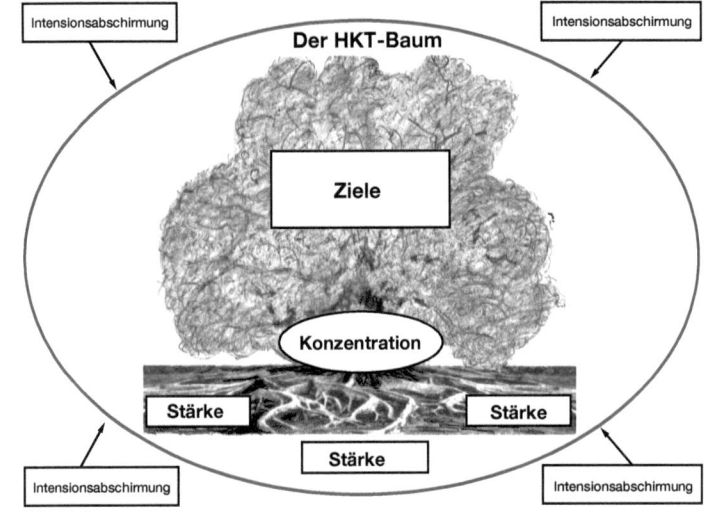

Nachdem es in den Phasen 2 und 3 des HKTs darum ging, die Stärken und Ressourcen zu aktivieren, die eine Person benötigt, um ihr in Phase 1 formuliertes Ziel zu erreichen, geht es in Phase 4 darum, diese Zielrealisierung gegenüber möglichen Störungen abzuschirmen oder, anders ausgedrückt, einen »Störschutz« aufzubauen.

6.1 Standard für die Phase »Zielintention abschirmen«

Zunächst definieren wir auch hier einen evaluierbaren Standard, der nach erfolgreichem Abschluss dieser Trainingsphase erreicht wird:

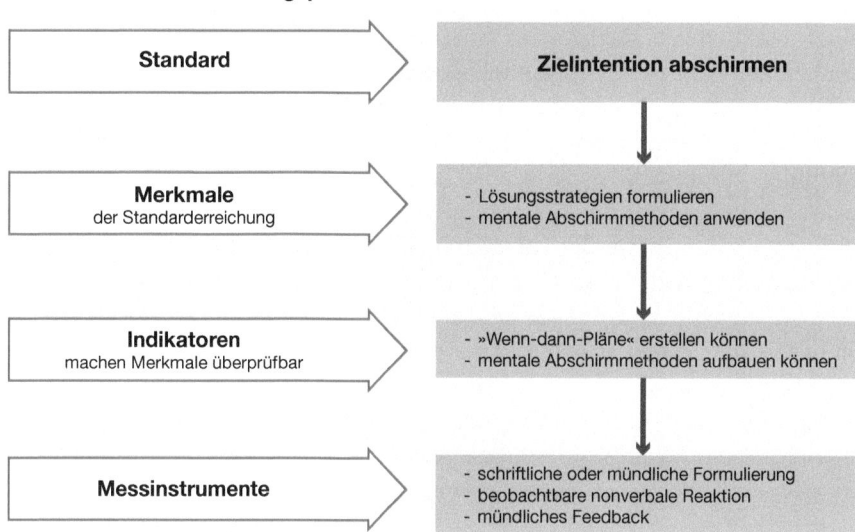

Abb. 28: Standard »Zielintention abschirmen«

Der Standard »Zielintention abschirmen« ist dann erfüllt, wenn die Teilnehmer in der Lage sind, mögliche Störungen zu benennen, Lösungsstrategien zu formulieren und mentale Abschirmmethoden bewusst anzuwenden. Überprüfbar ist dies anhand ausformulierter »Wenn-dann-Pläne« sowie der erfolgreichen Anwendung mentaler Abschirmstrategien. Die Überprüfung erfolgt über schriftliches Formulieren, mündliches Feedback sowie über die Beobachtung der nonverbalen Reaktionen der Teilnehmer.

6.2 Theoretische Grundlagen der Zielintentionsabschirmung

6.2.1 Die Notwendigkeit der Zielintentionsabschirmung

In den ersten drei Schritten des Heidelberger Kompetenztrainings wurde mit der Erarbeitung einer konkreten Zielsetzung (Was genau will ich erreichen?), der Schulung der Konzentrationsfähigkeit (Wie kann ich mich gezielt in den Zustand der Konzentration versetzen, um mein Zielstreben erfolgreich zu gestalten?) und der Aktivierung der vorhandenen Stärken (Über welche Stärken verfüge ich und wie kann ich sie für die Realisierung meines Ziels bewusst aktivieren?) ein Ressourcenkomplex aufgebaut, der die Erfolgsaussichten für das Erreichen der angestrebten Zielsetzung maßgeblich erhöht.

Trotz allem kann das Realisieren des eigenen Zieles durch das Auftreten von internen (aus der Person selbst kommenden) oder externen (z. B. durch das soziale Umfeld verursachten) Störungen und Hindernissen gefährdet werden. So gerät z. B. die Erreichung der Zielsetzung eines Schülers, in der Abiturprüfung in Mathematik gut abzuschneiden, dadurch in Gefahr, dass es ihm in der Prüfungsvorbereitung nicht gelingt, sich längere Zeit auf Mathematik zu fokussieren, da ihm ständig die anderen Fächer durch den Kopf gehen, auf die er sich ebenfalls vorbereiten muss (interne Störung). Auch der die Konzentration störende Lärm einer Baustelle vor dem Schulgebäude (externe Störung) könnte am Tag der Matheklausur das Ziel des Schülers kurzfristig gefährden. Um gegen solche die Zielerreichung gefährdenden Störungen und Hindernisse gewappnet zu sein, werden im vierten HKT-Teilschritt effektive Selbstregulationsstrategien vermittelt. Entsprechend dem im HKT angewandten methodischen Prinzip der Parallelität von digitalen und analogen Denk- und Erlebensprozessen geschieht dies auch in dieser Trainingsphase sowohl über den rationalen wie auch über den Erfahrungsverstand.

Die Formulierung von Wenn-dann-Plänen stützt sich verstärkt auf einen rational, verbal-analytischen Zugang, während die Anwendung mentaler Abschirmungen auf der emotionalen Erfahrungsebene anzusiedeln ist. Beide Zugänge werden im Folgenden dargestellt.

6.2.2 Wenn-dann-Pläne: eine effektive Selbstregulationsstrategie zum Umgang mit Störungen und Hindernissen

Die Planungsstrategie der Wenn-dann-Pläne stammt von Peter Gollwitzer (1993; 1999). Dieser identifizierte das Phänomen, dass Ziele trotz hoher Motivation häufig nicht realisiert werden, als Selbstregulationsproblem.

»Unter Selbstregulationsproblemen werden Hindernisse verstanden, die der Realisierung eines Ziels im Wege stehen (z. B. Ablenkung) und die beseitigt werden müssen, um das Ziel zu erreichen« (Achtziger / Gollwitzer 2009, S. 209). Zur Bewältigung solcher Selbstregulationsprobleme hat sich das Erstellen sogenannter »Wenn - dann - Pläne« als besonders geeignet erwiesen. So berichtet Gollwitzer (1999) von zahlreichen Studien, die belegen, dass Ziele, die zusätzlich mit konkreten Handlungsplänen – den Wenn-dann-Plänen – ausgestattet werden, zwei- bis dreimal häufiger realisiert werden als Ziele, bei denen dies nicht der Fall ist (Gollwitzer 1999, S. 495 f.).

Die Grundannahmen und -erkenntnisse dieses Zielrealisierungsansatzes fassen Achtziger und Gollwitzer (2009) folgendermaßen zusammen. Ziele definieren erwünschte Endzustände, die noch nicht erreicht worden sind. Sie haben das Format »Ich will X erreichen!« (z. B. »Ich will in der Mathematikklausur kommende Woche gut abschneiden!«). Wenn-dann-Pläne stehen im Dienste von Zielen und unterstützen deren Realisierung. In ihnen wird eine Situation oder Bedingung definiert, bei deren Eintreten ein bestimmtes Verhalten gezeigt werden soll. Dieses Verhalten wird so festgelegt, dass es das Erreichen des verfolgten Ziels unterstützt und sichert. Daraus resultiert folgendes Format der Wenn-dann-Pläne: »Wenn Situation / Bedingung / Reiz X eintritt, dann will ich Verhalten Y ausführen!« Ein Beispiel für einen Wenn-dann-Plan für das oben angeführte Ziel könnte lauten: »Wenn während der Matheklausur Ablenkungen oder Störungen auftreten, dann führe ich mich mithilfe meines HKT-Konzentrationssymbols in den Zustand der Konzentration und arbeite konzentriert weiter!«

Wie solch einfache Durchführungsvorsätze einen so starken positiven Effekt auf die Zielerreichung ausüben können, erklärt Gollwitzer auf der Basis zahlreicher empirischer Befunde (Gollwitzer 1999, S. 495 ff.). Danach werden durch das Erstellen von Wenn-dann-Plänen mental bestimmte situative Bedingungen / Reize (Wenn-Komponente) eng an die erwünschten zielfördernden / zielschützenden Handlungsmuster (Dann-Komponente) gekoppelt. Ein einziger Willensakt – nämlich das Erstellen eines Wenn-dann-Plans – reicht bereits aus, um die effektive zielgerichtete Verhaltensweise mental für lange Zeit stabil an die kritische Situation oder Bedingung zu binden. Aufgrund dieser engen mentalen Situations-Reaktions-Verknüpfung führt das Eintreffen der kritischen Situation (z. B. das Auftreten einer Störung) dazu, dass die im Vorfeld geplante Handlung, die Lösung, sofort, anstrengungsfrei und ohne einen bewussten Willensakt umgesetzt wird: »Once people have formed implementation intentions [auf Deutsch: Wenn-dann-Pläne; d. A.] goaldirected behavior will be triggered automatically when the specified situation is encountered« (Gollwitzer 1999, S. 501). In einer aktuellen Situation muss nicht erst bewusst und unter Aufwendung kognitiver Ressourcen dafür gesorgt werden, dass die geplante Verhaltensweise bei Eintreten der kritischen Situation wirklich auftritt. Vielmehr nimmt die in der Wenn-Komponente vorweggenommene Situation (z. B. eine Störung oder ein Hindernis) nun den Charakter eines auslösenden Reizes an, dessen Auftreten automatisch die damit verknüpfte zielschützende Verhaltensweise auslöst.

Da die Störung beim Erstellen des Wenn-Dann-Planes bewusst antizipiert wird, ist ihre mentale Repräsentation hoch aktiviert. Dies führt dazu, dass die kritische Situation bei ihrem Auftreten schnell wahrgenommen wird. Selbst wenn die Person mit anderen Dingen beschäftigt ist und die kritische Situation nur unterhalb der Bewusstseinsschwelle wahrnimmt, wird die zielfördernde / -schützende Verhaltensweise sofort automatisch ausgelöst.

Die große Effektivität, mit der Wenn-dann-Pläne die Zielverfolgung gegenüber Störungen und Hindernissen abschirmen, wurde empirisch vielfach nachgewiesen. Gollwitzer (1999, S. 499 ff.) legt Studien vor, die belegen, dass mithilfe der Bildung von Wenn-dann-Plänen das Zielstreben wirksam gegenüber verlockenden Ablenkungen, konfligierenden schlechten Gewohnheiten und konkurrierenden Zielen abgeschirmt werden kann.

Aufgrund dieser Befunde bewertet Gollwitzer (1999, S. 499 ff.) das Erstellen von Wenn-dann-Plänen als eine effektive Selbstregulationsstrategie, die es dem Menschen ermöglicht, sein Zielstreben trotz des Vorhandenseins von Hindernissen und Störungen erfolgreich zu gestalten. In HKT-Phase 4 kommt der Bildung von Wenn-dann-Plänen eine zentrale Bedeutung zu. Wir konnten feststellen, dass deren Erstellen unterschiedlichen Alters- und Zielgruppen leicht gelingt.

6.3 Praxisanleitung Zielintention abschirmen

6.3.1 Praxisanleitung Erstellen von Wenn-dann-Plänen als digitale Abschirmstrategie

Schritt 1: Mögliche Hindernisse und Störungen identifizieren

Zunächst werden die HKT-Anwender dazu angehalten, sich ihre, im ersten HKT-Schritt entwickelte, Zielsetzung nochmals bewusst zu machen. Anschließend sollen sie sich überlegen, welche internen oder externen Störungen und Hindernisse das Erreichen der eigenen Zielsetzung gefährden können. Dabei geht es nicht um ein wildes Fantasieren über alle möglichen störenden und hinderlichen Eventualitäten, die während des Zielstrebens auftreten könnten. Vielmehr sind die HKT-Anwender als Experten ihrer persönlichen Lebenssituation gefragt, die genau wissen, welche internen und externen Hauptstörungen bei der Verfolgung ihres jetzigen Ziels auftreten können. Diese notieren sie auf ein Blatt Papier.

Schritt 2: Wenn-dann-Pläne entwickeln

Nachdem die potenziellen Hauptgefahren für die eigene Zielsetzung identifiziert wurden, gilt es, entsprechende Lösungsstrategien zu entwickeln, welche die Zielrealisierung sichern sollen. Dazu formulieren die HKT-Anwender Wenn-Dann-Pläne, die festlegen, welches zielschützende Handeln man ausführen wird, wenn eine bestimmte antizipierte Situation tatsächlich eintritt.

Zunächst wird den Teilnehmern erklärt, wie man Wenn-dann-Pläne wirksam gegen Störungen und Hindernisse einsetzen kann. Solche Pläne haben das Format: »**Wenn** die kritische Situation (Störung/Hindernis) X eintritt, **dann** werde ich das zielorientierte/zielschützende Verhalten Y ausführen!«

In der Wenn-Komponente wird dabei eine kritische Situation spezifiziert, die die Zielerreichung gefährden kann. Darauf folgend wird in der Dann-Komponente das die Zielrealisierung schützende Handeln formuliert. So kann beispielsweise ein Schüler, dessen Zielsetzung es ist, in der anstehenden Mathematikklausur gut abzuschneiden, und der als Haupthindernis hierfür seine große Nervosität und Hektik in Matheprüfungen ausgemacht hat, folgenden Wenn-dann-Plan formulieren:

»**Wenn** ich am Montag während der Mathematikklausur wieder hektisch und nervös werde, **dann** führe ich mich mit der HKT-Konzentrationstechnik in die Konzentration zurück und arbeite ruhig weiter.«

Nachdem den HKT-Anwendern die Strategie anhand von Beispielen verdeutlicht wurde, werden sie gebeten, für ihre vier Hauptstörungen Strategien zu finden, mit denen sie die Schwierigkeiten überwinden. Anschließend werden die gefundenen Lösungen in die Wenn-dann-Struktur gebracht (vgl. Abb. 29).

Wichtig hierbei ist, dass für jede Störung im Wenn-dann-Plan nur eine spezifische Lösung formuliert wird, um den oben beschriebenen Handlungsautomatismus zu ermöglichen.

Lösungsideen

Obwohl du den Weg zu deinem Ziel kennst, kann es trotzdem zu Störungen kommen, und zwar:

Zu jeder Störung gibt es eine Lösung! Wichtig ist es, sich diese rechtzeitig klarzumachen:

Beispiel:
Wenn ich am Montag während der Matheklausur nervös und hektisch werde...

dann führe ich mich mit meinem Konzentrationssymbol in die Ruhe zurück.

Wenn: .... dann: ....

Wenn: .... dann: ....

Wenn: .... dann: ....

Wenn: .... dann: ....

Abb. 29: Lösungsideen entwickeln

Die Verschriftung der Wenn-dann-Pläne auf dem Arbeitsblatt trägt bereits dazu bei, dass die Pläne fest im Gedächtnis verankert und deren Wenn-Teile stabil mit den Dann-Teilen verknüpft werden. Das Eintreten der konkretisierten (Wenn-)Situationen führt somit in der Regel automatisch zur Auslösung der mit diesen verknüpften, zielführenden (Dann-)Handlungen. Um diesen Prozess der kognitiven Verankerung und Verknüpfung der Pläne darüber hinaus zu fördern, arbeiten wir im HKT mit Methoden der Partnerarbeit.

Schritt 3: Partnerarbeit zur Festigung der erarbeiteten Wenn-dann-Pläne

Zwei HKT-Anwender tauschen ihre ausgefüllten Wenn-dann Arbeitsblätter untereinander aus. Gegenseitig lesen sich die Partner die Wenn-Teile der Pläne vor. Ohne noch einmal auf das Arbeitsblatt zu schauen, erinnern sich die Anwender an ihren dazugehörigen Dann-Teil und sprechen diesen laut aus. In einer weiteren Vertiefungsrunde führen die Teilnehmer ihre jeweiligen Lösungen in ihrer mentalen Vorstellung aus.

Variante: Erarbeitung von Störungs- und Lösungspool in Gruppen

Die bisher dargestellten Arbeitsschritte werden in Einzel- oder Partnerarbeit durchgeführt. Zum Erarbeiten effektiver Wenn-Dann-Pläne kann man darüber hinaus gezielt die Gruppe als Ressource nutzen. Dabei werden nach der Bearbeitung des Arbeitsblatts »Lösungsideen entwickeln« (vgl. KV 20) Kleingruppen von drei bis sechs Personen gebildet. Die Gruppenmitglieder legen zunächst einen gemeinsamen »Störungspool« an, indem sie ihre identifizierten Haupthindernisse für ihre Zielerreichung an einer Tafel oder auf einem Flipchart zusammentragen. Anschließend wird im gemeinsamen Austausch an effektiven Strategien gearbeitet, wie man diese Schwierigkeiten verhindern bzw. überwinden kann. Es entsteht ein »Lösungspool«, der dem »Störungspool« schriftlich gegenübergestellt wird. Die Gruppenmitglieder können nun aus diesem Lösungspool schöpfen und eventuell neu gefundene Lösungen für ihre Störungen auf dem Arbeitsblatt »Lösungsideen entwickeln« (vgl. KV 20) in effektive Wenn-dann-Pläne einarbeiten.

Unserer Erfahrung nach stellt sich diese Form der Gruppenarbeit als besonders wertvoll dar. Zum einen konnten wir feststellen, dass es für die Teilnehmer eine erleichternde Erfahrung ist, beim Erstellen des Störungspools festzustellen, dass auch andere mit ähnlichen Problemen, Störungen und Hindernissen auf dem Weg zur Zielrealisierung zu kämpfen haben wie sie selbst. Zum anderen führt der intensive Austausch der Gruppenmitglieder auf der Suche nach Lösungswegen immer wieder zum Finden neuer, kreativer Lösungen, die die Teilnehmer in der Einzelarbeit nicht entdecken konnten.

Schritt 4: Übertragung der gefundenen Lösungsstrategien in den HKT-Baum

Die erarbeiteten persönlichen Lösungsstrategien aus den Wenn-dann-Plänen zur Überwindung potenzieller Hindernisse und Störungen werden abschließend auf dem Arbeitsblatt »HKT-Baum« in die vier äußeren Felder eingetragen. Damit ist der HKT-Baum komplett ausgefüllt. Mit einem Blick auf den eigenen Baum kann man sich so jederzeit sein Ziel, die persönlichen zielführenden Stärken (Konzentration und weitere drei Hauptstärken) und die eigenen Zielabschirmstrategien vergegenwärtigen und so diesen zielführenden Ressourcenkomplex auf einmal aktivieren.

6.3.2 Praxisanleitung Aufbau analoger Abschirmstrategien

Neben der digitalen Herangehensweise bindet das HKT auch analoge Formen bei der Entwicklung von Abschirmstrategien mit ein. Im Folgenden beschreiben wir zwei Vorgehensweisen. Bei der ersten Form handelt es sich um eine rein körperliche Vorgehensweise. Die zweite Form kombiniert körperliche und mentale Herangehensweisen.

»Freiräume schaffen«

Diese Übung hat das Ziel, einen körperlich spürbaren »Frei«-Raum zu schaffen, der gegen Störungen von außen abgeschirmt ist. Zunächst stellt man sich vor, man sei von einer schützenden Hülle umgeben. Diese wird allmählich ausgeweitet, bis ein ausreichend großer Schutzraum geschaffen ist. Mit zunächst kleinen Armbewegungen beginnt man langsam, die Hülle mit den Händen abzutasten. Eine rhythmische Musik kann dabei die Armbewegungen unterstützen. Allmählich werden die Bewegungen größer. Die Hülle wird in der Vorstellung nach allen Richtungen hin ausgedehnt. Zwischendurch gilt es immer wieder, die Hülle zu befühlen, um zu erkennen, wie groß sie schon geworden ist. Die Übung ist dann abgeschlossen, wenn die vorgestellte Hülle »Mein Freiraum« groß genug ist. Die entwickelte Schutzhülle kann in der Vorstellung in jeder Situation aktiviert werden und Störungen abschirmen.

»Circle of Concentration«

Im Rahmen dieser Übung bauen die Teilnehmer einen mentalen Schutzkreis auf, mit dem es gelingt, störende Einflüsse abzuschirmen. Der Übungsverlauf beginnt mit der Aktivierung der Konzentration, die über den »Unbeugsamen Arm« abgetestet wird. Die Übenden sollen das Gefühl erleben, in einem konzentrierten Zustand zu sein. Dieses Gefühl gilt es, jetzt noch stärker zu verankern. Dazu wird das Ansprechen der Sinne auf eine abstrakte Weise genutzt. Die Übenden ordnen intuitiv der Konzentration eine passende Farbe, ein bestimmtes Licht und einen Klang zu (Fragestellung: »Wenn die Konzentration eine Farbe hätte, welche Farbe hat sie dann – und welches Licht passt zu dieser Farbe und welcher Klang?«).

Diese Farbe, das Licht und der Klang werden in der Vorstellung im Körperschwerpunkt, dem »Hara«, imaginiert. Von dort breiten sie sich im ganzen Körper aus (»Dein ganzer Körper ist nun erfüllt von der Farbe, dem Licht und dem Klang.«). Anschließend umhüllen sie zusätzlich noch den Körper (»Lass dich nun zusätzlich von der Farbe, dem Licht und dem Klang umhüllen.«) wie eine Schutzhülle (z. B. ein Lichtkegel, eine Lichtsäule, ein Spotlight), die alle störenden Einflüsse abschirmt, aber für alle positiven, unterstützenden Eindrücke offen ist. Die Übenden sollen spüren, wie dieser »Circle of Concentration« sie schützt und optimal handlungsfähig macht. Im nächsten Schritt sollen die Übenden eine Möglichkeit finden, ihren Circle nach Bedarf zu aktivieren und ruhen zu lassen. Auch hier gilt es, individuelle Lösungen zu finden.

Zum Schluss testen die Übenden diesen Schutzmechanismus mental in einer zukünftigen, störungsanfälligen Situation. Ist dieser Test erfolgreich, haben sie eine weitere Ressource, um ihre Zielerreichung abzuschirmen.

Am Ende der vierten Trainingsphase verfügen die Teilnehmer über digitale und analoge Abschirmstrategien gegen mögliche Störungen, die sie bedarfsgerecht einsetzen können. Der HKT-Prozess ist damit abgeschlossen.

Die Teilnehmer sind in der Lage über die vier Teilschritte

1. Ziel erarbeiten
2. sich konzentrieren
3. seine Stärken aktivieren
4. die Zielintention gegenüber Störungen abschirmen

Herausforderungen erfolgreich zu bewältigen bzw. Inkongruenzsituationen kontrolliert aufzulösen.

7 Praxisbeispiele

In diesem Kapitel möchten wir Ihnen am Beispiel verschiedener »models of best practice« aufzeigen, wie das HKT für unterschiedliche Zielgruppen und Kontexte modifiziert und erfolgreich in die Praxis umgesetzt werden kann. Zunächst einige Erfahrungen bei der Einführung *(Implementation)* von HKT in Organisationen.

7.1 Implementation des HKTs in Organisationen

An dieser Stelle möchten wir aufzeigen, wie das HKT nachhaltig in Schulen und anderen Organisationen implementiert werden kann. Da der Umsetzungsschwerpunkt bisher im Bereich der Schulen lag, werden zunächst ausgewählte Beispiele aus dem schulischen Kontext dargestellt. Anschließend werden Erfahrungen aus dem Bereich des Gesundheitswesens beschrieben.

In der Anfangsphase der Entwicklung des HKT-Projektes wurden die HKTs ausschließlich von speziell dafür qualifizierten Studierenden durchgeführt. Diese unterrichteten ein standardisiertes Programm in den fünften Klassen verschiedener Schularten. Die Studenten unterrichteten das HKT-Programm im Rahmen von fünf Doppelstunden pro Schulhalbjahr. Zwischen den fünfwöchigen Blöcken wurden die Trainingsinhalte nicht wieder aufgegriffen, da die unterrichtenden Lehrer über keine entsprechende Qualifikation verfügten. Aufgrund der fehlenden Verankerung in der jeweiligen Schule konnten nachhaltige Ergebnisse nur schwer erzielt werden. Daher wurden Überlegungen angestellt, wie das HKT unter Einbeziehung möglichst vieler Beteiligter in Organisationen eingeführt werden kann. Als Ergebnis wurden folgende Leitlinien entwickelt:

1. Die Leitung der Organisation muss die Implementierung des HKTs befürworten und aktiv unterstützen.
2. Die Beteiligten (Lehrer, Schüler, Eltern, Therapeuten, Patienten) müssen ausreichend über Ziele, Methoden und Umfang des HKT-Projektes informiert werden.
3. In einem begrenzten Zeitraum sollte ein bestimmter Prozentsatz der professionell Tätigen qualifiziert werden, HKTs selbst zu konzipieren und durchzuführen.

Dadurch kann gewährleistet werden, dass das HKT fest in der Organisation verankert wird und Teil der Organisationskultur werden kann.

7.2 Planung und Qualitätssicherung von HKT-Projekten

Zur Erleichterung der Planung von HKT-Projekten haben wir für die HKT-Anwender Planungsleitfragen entwickelt. Orientiert haben wir uns dabei an dem auf W. Edward Deming zurückgehenden Kontinuierlichen Verbesserungsprozess (KVP) als zentralem Baustein eines Qualitätssicherungssystems.

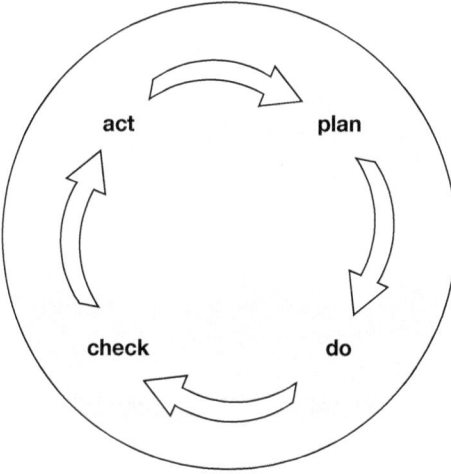

Abb. 30: KVP-Prozess

Projektplanung und -durchführung werden nicht als einmaliger linearer Vorgang verstanden, sondern als zirkulärer Prozess, bei dem

- eine theoriegeleitete Planung (plan)
- in der Praxis umgesetzt (do),
- sowohl im Hinblick auf die Ergebnisse wie auch auf den Prozessverlauf überprüft wird (check),
- um aus diesen Erkenntnissen Folgerungen für die Neuplanung zu ziehen (act).

Dann kann der KVP-Prozess erneut beginnen. Die Leitfragen sind der jeweiligen Prozessphase zugeordnet:

1. **Planung / plan**
Die folgenden Leitfragen sollen die Planung im Vorfeld erleichtern und systematisieren:

- Was ist meine Zielgruppe?
- Was ist mein übergreifendes Ziel (z. B. Prüfungsvorbereitung, Umsetzung von Vorsätzen zur gesunden Lebensführung)?
- Woran erkenne ich als Planender, dass ich mein Ziel erreicht habe? (Evaluationsmerkmale)
- Wie kann ich das messen?
- Wann und wie lange bzw. wie oft findet die Durchführung statt? (Zeit)
- Wo findet die Durchführung statt? (Ort)
- Welche Personen sind daran beteiligt?
- Auf welchem inhaltlichen und methodischen Weg erreiche ich die HKT-Teilziele?
- Was muss bei der Projektimplementierung beachtet werden?

2. **Durchführung / do**
Die folgenden Leitfragen dienen der Reflexion während und nach der Durchführung:

- Musste im Laufe der Durchführung von der ursprünglichen Planung abgewichen werden? Wenn ja, an welchen Stellen und warum?
- Wie sah die alternative Vorgehensweise aus?
- Gab es Verständnisschwierigkeiten in der Gruppe? Wenn ja, an welchen Stellen und warum?
- Gab es Widerstände gegen die Vorgehensweise? Wenn ja, an welchen Stellen und warum?

3. **Überprüfung / check**
Die folgenden Leitfragen dienen der Systematisierung der Evaluationsergebnisse:

- Wurde das übergreifende Ziel erreicht und woran erkenne ich das (eventuell Messergebnisse)?
- Wurden die einzelnen Teilziele wie geplant erreicht? Wenn nicht, was waren bzw. wo lagen die Probleme?

4. **Folgerungen / act**
Die folgenden Leitfragen dienen als Grundlage für die Neuplanung:

- Welche Rückschlüsse ergeben sich aus den Messergebnissen?
- Was werde ich zukünftig genauso durchführen?
- Was werde ich modifizieren?
- Wie werde ich es modifizieren?

Die Projektplanung in der hier vorgestellten Art und Weise dient nicht nur der Systematisierung. Sie macht das so geplante HKT-Projekt auch anschlussfähig an umfassendere Qualitätssicherungs- und Evaluationssysteme einer Organisation.

7.3 Praxisdokumentation

Das gleiche Ziel verfolgen wir mit unserem Projektdokumentationsschema, welches als Beitrag zur Qualitätssicherung und -entwicklung zu verstehen ist. Gleichzeitig dient das Schema der Vergleichbarkeit der HKT-Projekte und erleichtert dadurch den Austausch unter den Projektpartnern. Bei der Entwicklung des Schemas haben wir uns an den oben dargestellten Leitfragen orientiert.

Zunächst wird im Folgenden das gesamte Schema präsentiert, bevor wir im Anschluss daran ausgewählte Projekte beschreiben.

HKT-Praxisdokumentation

Übergeordnetes Ziel
Zielgruppe
Umfang
Ort
Implementierung
HKT-Teilschritte (Inhalte, Methoden, Umfang)
Ziele formulieren
Konzentration
Stärken aktivieren
Intentionsabschirmung
Benötigte Ressourcen
Evaluation
Folgerungen

Im Folgenden haben wir exemplarisch Projekte aus unterschiedlichen Kontexten mit unterschiedlichen Zielgruppen ausgewählt. Die Projektbeschreibungen erfolgen nach oben beschriebenem Schema.

7.3.1 Praxisbeispiel 1: HKT in der Grundschule

Übergeordnetes Ziel

Stärkung der Selbstwirksamkeitsüberzeugung der Schüler/innen im Hinblick auf Klassenarbeiten.

Zielgruppe

22 Schüler/innen einer ersten Klasse am Ende des Schuljahres

Umfang (Zeitrahmen, Datum)

vier Doppelstunden innerhalb von vier Wochen und zwei Elternabende

Ort

Das Projekt fand in der Grundschule im Klassenzimmer der Klasse statt

Implementierung

Information der Schulleitung
Infobrief an Eltern gemeinsam mit Klassenlehrerin (vgl. Anhang)
Elterninformation im Rahmen eines Elternabends
HKT in der Klasse (vier Doppelstunden) mit Evaluation
Ergebnispräsentation im Rahmen eines Elternabends mit Tipps für die häusliche Weiterarbeit *(Anhang)*

HKT-Teilschritte (Inhalte, Methoden, Umfang)

Ziele formulieren (eine Doppelstunde)

Impulsreferat »Ziele«
Motto: Zielerarbeitung im Hinblick auf Klassenarbeiten
Malen eines Motto-Ziel-Bildes
Zielvisualisierung als Gruppenübung

Konzentration (eine Doppelstunde)

Impulsreferat »Konzentration«
Übungseinheit »Unbeugsamer Arm«
Übungseinheit »Konzentrationssymbol«

Stärken aktivieren (eine Doppelstunde)

Konzentrationsübungen: »Atem schöpfen«
Impulsreferat »Stärken«
Stärkensammlung gemeinsam – »Stärkenpool«
Stärken-Feedback : »Schildkrötenmethode«
Stärkenstrauß
Gruppenübung Stärkenvisualisierung

Intentionsabschirmung (eine Doppelstunde)

Impulsreferat: »Störschutz aufbauen«
Störungssammlung individuell
Störungspool an Wandtafel
Lösungspool an Wandtafel
gemeinsam Wenn-dann-Sätze bilden (Wandtafel)
individuell Wenn-dann-Sätze bilden (KV »Lösungsideen«)
Wenn-dann-Sätze in Partnerarbeit festigen

Benötigte Ressourcen
Visualisieren: Wandtafel, Overhead-Projektor Arbeitsblätter (vgl. KVs »Teilschritte«) Entspannungsmusik + Abspielgerät

Evaluation
Da es sich um das Pilotprojekt im Bereich der Grundschulen handelte, wurde die Evaluation breit angelegt.[18] Zum einen erfolgte eine quantitative Analyse im Hinblick auf die Auswirkung des HKTs auf die Selbstwirksamkeitserwartung der Schüler/innen. Vor- und Nachtest mit Kontrollgruppe mithilfe der Skalen zur Prüfungsangst (TAI-A, TAI-W nach Schwarzer/Jerusalem 1999, Anhang). Gemessen wurde die Effektstärke. Zum anderen erfolgte eine systematische Beobachtung mit dem Ziel, die eingesetzten Inhalte und Methoden im Bezug auf ihre Eignung für den Einsatz in der Grundschule einzuschätzen und gegebenenfalls zu modifizieren. Eine Videodokumentation des gesamten Projektes wurde erstellt. Ergebnisse: Bezüglich der Selbstwirksamkeitsüberzeugung der Schüler/innen der »HKT-Klasse« konnte eine Verbesserung in mittlerer Effektstärke gemessen werden. Bei der Kontrollklasse war dies nicht der Fall. Das Projekt konnte wie geplant durchgeführt werden. Die im Hinblick auf die Grundschule methodisch modifizierten HKT-Inhalte erwiesen sich als geeignet. Sowohl die Schüler/innen, deren Eltern sowie die Klassenlehrerin beurteilten das Projekt als erfolgreich.

7.3.2 Praxisbeispiel 2: HKT in der Berufsschule

Übergeordnetes Ziel
Ziele im Rahmen der Entwicklung zur operativ eigenständigen Schule: Erarbeitung eines schulbezogenen vierteiligen HKT-Workshops für Schüler/innen an der Schule Zusammenstellung eines Präsenzordners für das Kollegium Implementierung im Schulprogramm HKT-Ziele für Schüler/innen: - Positiver Umgang mit Prüfungssituationen - Persönlichkeitsstärkung und -entwicklung - Beitrag zur Erlangung von Schlüsselqualifikationen - HKT-Ziele für Lehrer/innen: - individueller Zugang zu mentaler Stärke - Erweiterung des Kompetenzspektrums als Lehrerpersönlichkeit

---

18 vgl. Hallstein, T. (2010): Steigerung der Selbstwirksamkeitsüberzeugung durch das Heidelberger-Kompetenz-Training – Eine Wirksamkeitsstudie an der Neubergschule Dossenheim (unveröffentlichte wissenschaftliche Hausarbeit an der Pädagogischen Hochschule Heidelberg).

Zielgruppe
Schüler/innen der Berufsschule, die klassenweise an HKT-Kursen teilnehmen vierteiliges Kompaktseminar für Schüler/innen von BKBT und BKFH-Klassen vor der Prüfung
Umfang
Aufbauend auf einer Pilotveranstaltung sollen jährlich ein bis zwei HKT-Workshops durchgeführt werden. Die Anzahl ist abhängig von der zunehmenden Zahl an HKT-Lehrern an der Schule
Ort
Klassenzimmer und Sporthallen der Schule
Implementierung
Gründung eines HKT-Teams Einarbeitung des HKTs ins Schulprogramm im Rahmen von OES Vier Seminarblöcke mit HKT und Evaluation zu je 90 Minuten Planung weiterer Trainingstage Jeder Teilnehmer erhält zum Abschluss eine offizielle HKT-Teilnahmebescheinigung Erweiterung des HKT-Schulteams durch Teilnahme an der Fortbildungsmaßnahme der PH Heidelberg für Lehrer
HKT-Teilschritte (Inhalte, Methoden, Umfang)
Ziele formulieren:
Impulsreferat: Ziele Zielrahmen ausfüllen KRAFT: Zieleprotokoll erstellen Zielerreichung erleben als Partnerübung Zielvisualisierung als Abschlussintegration
Konzentration:
Konzentrationsübungen: Atem schöpfen, stehen wie ein Baum Übungsfolge: »Unbeugsamer Arm« Erarbeitung eines Konzentrationssymbols Anwendungsübungen: Partnerübungen und Gruppenübungen
Stärken aktivieren:
Stärkenanalyse Stärken-Feedback Stärkenstrauß Schlüssel zu meiner Stärke Stärkenvisualisierung
Intentionsabschirmung:
Arbeitsblatt: »Lösungsideen« (KV 20) Gemeinsame Erarbeitung eines Lösungspools an der Tafel (Wenn-dann-Lösungsansätze für Stress- und Angstblockaden, Strategien entwickeln) Intentionsabschirmung gegen von außen kommende Störungen (über eine Bank den Weg zum Ziel beschreiten) Feedback-Runde

Benötigte Ressourcen
Arbeitsblätter, Laptop, Beamer, CD-Abspielgerät
Evaluation
Feedback-Bogen: Die Schüler/innen gaben überwiegend ein positives Feedback. Es wurde allerdings angemerkt, dass mehr Zeit zur Übung notwendig wäre.
Folgerungen
In Zukunft wird das HKT von vier auf fünf Workshop-Termine erweitert.

7.3.3 Praxisbeispiel 3: HKT in der Hochschule

Übergeordnetes Ziel
Stärkung der Selbstwirksamkeitsüberzeugung in der Prüfung Entwicklung mentaler Stärke für das erste Staatsexamen Seminar von Studenten für Studenten entwickeln
Zielgruppe
Studenten im Prüfungssemester
Umfang
Seminar über zwei Halbtage (Freitagnachmittag und Samstagvormittag)
Projektort
Seminarraum und Sporthalle der Hochschule
Implementierung
Angebotserstellung der durchführenden Studenten Genehmigung durch die Institutsleitung Erstellen von Infomaterial Information der Examenskandidaten durch die Fachschaft und im Rahmen eines Examenskolloquiums
HKT-Teilschritte (Inhalte, Methoden, Umfang)
Ziele formulieren: Zeitrahmen 90 Minuten
Vorstellung des HKT-Konzepts, Klärung von Ziel und Sinn Einführung des HKT-Baums als begleitendes Symbol Zielarbeit mit dem KRAFT-Modell Theorie-Input zur digitalen und analogen Vorgehensweise Zielrahmen Zielerreichung erleben: »Erinnerungen an die Zukunft« Zielvisualisierung Eintragen des Ziels in den HKT-Baum

Konzentration: Zeitrahmen 90 Minuten
Begriffsklärung und Denkansatz Komponenten der Konzentration Praxisübungen zu den Komponenten Entwicklung eines Konzentrationssymbols und Übertragung in den HKT-Baum Zielerleben in konzentriertem Zustand
Stärken aktivieren: 90 Minuten
Wiederholung »Unbeugsamer Arm« Persönliche Stärkenanalyse – Stärkensonne Stärken-Feedback mit Ergänzung der Stärkensonne Übung: »Schlüssel zu meiner Stärke« Stärkenvisualisierung Übertragen der drei wichtigsten Stärken in den HKT-Baum
Intentionsabschirmung: 65 Minuten
Bedeutung der Intentionsabschirmung Wenn-dann-Pläne entwickeln / Störungspool – Lösungspool Übertragung in den HKT-Baum
Zusammenführung aller Komponenten am Tagesende: 30 Minuten
Abschlussvisualisierung Klärung offener Fragen Feedback
Benötigte Ressourcen
HKT-Skript, Beamer, Laptop, Musik
Evaluation
schriftliches und mündliches Feedback der Teilnehmer/innen. Ergebnis: HKT-Seminare von Studenten für Studenten werden positiv angenommen. Die HKT-Strategien können in der Examensvorbereitung und in den Prüfungen selbst umgesetzt werden.

7.3.4 Praxisbeispiel 4: HKT in der Rehaklinik

Übergeordnetes Ziel
Durchführung von Patientenschulungen im HKT Das übergeordnete Ziel für Patientinnen und Patienten ist es, das eigene Leben so zu verändern, dass sie ihre Gesundheit wiederherstellen und auch erhalten können. Ziel der HKT-Schulung ist es, diese Veränderungen im Hinblick auf einen körperlich aktiven Lebensstil zu unterstützen.
Zielgruppe
Patienten in der Rehabilitation mit Herz-Kreislauf-Erkrankungen Durchführung in Patientengruppen von zehn bis 15 Personen

Umfang

Im Rahmen einer dreiwöchigen Rehabilitationsmaßnahme erhalten alle Teilnehmer/innen ein Angebot an einem HKT teilzunehmen (vier Sitzungen à 60 Minuten).

Ort

Reha-Einrichtung mit entsprechenden Seminar- und Trainingsräumen

Implementierung

Abklärung des HKT-Angebots mit der Klinikleitung
Informationsveranstaltung für Ärzte und Therapeuten
Entwicklung eines modifizierten HKT-Angebots für Patienten
Abstimmung der HKT-Übungen mit dem klinischen Betreuungspersonal zur Akzeptanzsicherung
vier Seminarblöcke mit HKT zu je 60 Minuten

HKT-Teilschritte (Inhalte, Methoden, Umfang)

Ziele formulieren:

Impulsvortrag HKT
Daumenübung als Veranschaulichung mentaler Wirksamkeit
Vorstellen des HKT-Baumes
Formulierung von Patientenzielen nach Zielkriterien
Zielvisualisierung
Zielübertragung in den HKT-Baum

Konzentration:

Einführung mit Qigong und Atemübungen
Wiederholung der Zielvisualisierung
Vortrag über Konzentration
vier Elemente der Konzentration erfahren und üben
Konzentrationstest über den »Unbeugsamen Arm«
Erarbeitung eines Konzentrationssymbols
Zielvisualisierung wird mit der Konzentration verknüpft und erlebt
Feedback der Teilnehmer/innen

Stärken aktivieren:

Wiederholung der Übung »Unbeugsamer Arm« als Einstieg
Umgang mit dem »inneren Schweinehund« durch mentale Unterstützung
Wiederholung des HKT-Baums
Entwicklung eines Stärkenstraußes und eines Unterstützungsstraußes; die Patienten vermerken hier ihre Stärken und ihre möglichen Unterstützungsquellen
Übertragung der Ressourcen in den HKT-Baum
Zielvisualisierung: Ziel, Konzentration und Stärken werden verknüpft
Feedback

Intentionsabschirmung:

Erarbeitung möglicher Störungen – Störungspool
Wenn-dann-Pläne als Lösungspool
Übertragung der vier Hauptlösungen in den HKT-Baum
Gesamtintegration: Alle Elemente des HKTs werden in einer mentalen Übung verknüpft
Die Patienten erhalten eine Kurzüberblick über den HKT-Prozess (vgl. Anlage)

Benötigte Ressourcen

HKT-Handout mit allen Übungs- und Dokumentationsblättern
Laptop, Beamer, Musik

Evaluation

Das Projekt wurde umfangreich evaluiert mit folgenden Fragestellungen[19]:
Kann das HKT-Konzept dahingehend modifiziert werden, dass es sich in den dreiwöchigen Ablauf einer Reha-Maßnahme eingliedern lässt?
Wird das HKT von den Patientinnen und Patienten akzeptiert?
Führt das HKT zu einem messbaren Verbesserungseffekt in Bezug auf die Selbstwirksamkeitsüberzeugung der Patientinnen und Patienten?
Hat das HKT nach der Reha-Maßnahme messbare positive nachhaltige Auswirkungen auf das Bewegungsverhalten der Patientinnen und Patienten?

Ergebnisse:
Das HKT-Konzept konnte so modifiziert werden, dass es auch unter Berücksichtigung der unterschiedlichen An- und Abreisezeiten der Patientinnen und Patienten reibungslos in den Ablauf der Reha-Maßnahme integriert werden kann. Ein detaillierter Organisationsplan wurde erstellt.
Alle Patientinnen und Patienten der Interventionsgruppen wurden mithilfe qualitativer und quantitativer Methoden in Bezug auf ihre Akzeptanz des HKT interviewt. Die Akzeptanz war bei allen Befragten sehr hoch. Mehrere Patientinnen und Patienten entwickelten Ideen für die weiterführende Anwendung des HKTs im Alltag.
Die quantitative quasiexperimentelle Studie (Vor- und Nachtests bei Interventions- und Kontrollgruppen) ergab im Vergleich bei der Interventionsgruppe eine höhere Steigerung der Selbstwirksamkeitserwartung mit mittlerer Effektstärke, was auf die Intervention durch das HKT zurückgeführt werden kann.Die Auswirkungen des HKT auf das Bewegungsverhalten der Patientinnen und Patienten wurden mittels Bewegungstagebüchern (nach einer Woche, nach einem Monat) in beiden Gruppen erhoben. Durch die leider geringe Anzahl der Rückläufe ist keine statistische Auswertung möglich. Aus den Einzelfallauswertungen lässt sich jedoch die Tendenz zu einer deutlichen Verbesserung des Bewegungsverhaltens (Verdreifachung der Bewegungszeit pro Woche) erkennen.

Folgerungen

Der Transfer des HKTs in das neue Setting »Rehabilitation« ist gelungen, das Heidelberger Kompetenztraining stellt eine effektive und effiziente Ergänzung zur bestehenden Therapie für Menschen in der Rehabilitation dar.

---

19 vgl. Pedak, M. (2010): Implementierung des Heidelberger Kompetenztrainings (HKT) in der Rehabilitation zur Förderung eines gesundheitsförderlichen Lebensstils bei Patienten. Eine Pilotstudie in der Rehaklinik Heidelberg-Königstuhl unter besonderer Berücksichtigung der Patientenakzeptanz, der Stärkung der Selbstwirksamkeitserwartung und der Nachhaltigkeit (unveröffentlichte Bachelorarbeit an der Pädagogischen Hochschule Heidelberg).

Nachwort und Ausblick

Das Heidelberger Kompetenztraining zur Entwicklung mentaler Stärke (HKT) erhebt den Anspruch, Menschen zu befähigen, Herausforderungssituationen erfolgreich zu bewältigen. Die Entwicklung eines entsprechenden Trainingsprogramms war und ist von folgenden Fragestellungen geleitet:

1. Lässt sich ein Trainingsprogramm zur Entwicklung mentaler Stärke praxistauglich und nachvollziehbar, wissenschaftlich reflektiert und evaluiert für das Feld Schule, Hochschule und Erwachsenenbildung entwickeln?
2. Kann dieses Konzept in andere Felder, etwa in das der Gesundheitsförderung oder des Jugendleistungssport transferiert werden?

Im Rahmen der bisherigen HKT-Entwicklung konnten diese Fragen zufriedenstellend beantwortet werden

Zu 1.: Das HKT-Modell mit seinen vier Trainingsphasen hat sich in den vergangenen Jahren als tauglich für die Anwendung in unterschiedlichen pädagogischen Praxisfeldern erwiesen. In allen Schulstufen und Schularten von der Grundschule über die verschiedenen Schularten der Sekundarstufe I (Hauptschule, Realschule, Gymnasium, Gesamtschule) bis zur Sekundarstufe II (Gymnasien, Berufsschulen) haben sich HKT-Programme bewährt. Das Gleiche gilt für die Anwendung im Bereich der Hochschule – sowohl in der Lehre als auch als Examensvorbereitungstraining und in der Erwachsenenbildung, speziell in der Lehrerfortbildung. Die theoretische Begründung wurde im Laufe der HKT-Entwicklung immer weiter ausdifferenziert und begründet das HKT als Beitrag zu einer ressourcenorientierten Pädagogik. Im Rahmen verschiedener Wirksamkeitsstudien[20] wurde das HKT evaluiert, sowohl im Hinblick auf seine Auswirkung auf die Selbstwirksamkeitsüberzeugung als auch auf die Entwicklung der Fähigkeit, motivationale Ziele besser umsetzen zu können. Schließlich bestätigten die über 120 Lehrerinnen und Lehrer, die in den vergangenen Jahren an unseren Fortbildungsseminaren teilgenommen haben, dass das HKT aufgrund des klaren und einfach verständlichen Aufbaus für sie gut nachvollziehbar ist und somit leicht den Einzug in die pädagogische Praxis findet.

---

20 Nähere Informationen sind über die Autoren erhältlich.

Zu 2.: Speziell mit der Durchführung modifizierter HKT-Programme im Bereich der Gesundheitsförderung konnten wir zeigen, dass das HKT sich auch für diesen Bereich gut eignet und mit positiven Ergebnissen umgesetzt werden kann.
Im Folgenden möchten wir die Felder der HKT-Anwendungen an einem aktuellen Überblick aufzeigen:

Anwendungsfelder des HKTs, Stand: März 2011

Anwendungsfeld	Kontext	Zielgruppe	Durchführung	Zielsetzung	Durchführende
Pädagogische Hochschule Heidelberg	betriebliche Gesundheitsförderung	Verwaltungsangestellte	2 halbtägige Fortbildungen	besserer Umgang mit Arbeitsbelastungen	Projektleiter und Stellvertreter
	Studium	Studierende im BA-Studiengang Gesundheitsförderung	Modulveranstaltung 4 SWS 8 ECTS	Anwendung HKT in Gesundheitsförderung	Projektleiter und Stellvertreter
		Lehramtstudierende	Modulveranstaltung 4 SWS 8 ECTS	Anwendung HKT in Schule	Projektleiter und Stellvertreter
		Studierende Masterstudiengang »Bewegungsförderung«	Modulveranstaltung 4 SWS 8 ECTS	Anwendung HKT in Bewegungsförderung	Projektleiter und Stellvertreter
		offen für alle Studierende	Kompaktseminare oder Einzelberatung	Prüfungsvorbereitung: optimale Leistung abrufen können	Studierende mit Zusatzqualifikation
	Examensvorbereitung	Examenskandidat/innen	2 halbtägige Fortbildungen	Prüfungsvorbereitung: optimale Leistung abrufen können	Studierende mit Zusatzqualifikation
	Referendare	Referendare Hörgeschädigtenpädagogik	1 tägige Fortbildung	besserer Umgang mit Arbeitsbelastungen	Projektleiter
	Lehrerfortbildung	in Schulen tätige LehrerInnen	Workshop 3 St. – 1 Tag	besserer Umgang mit Arbeitsbelastungen	Projektleiter und Stellvertreter
	Lehrerfortbildung	in Schulen tätige LehrerInnen	viertägige Fortbildungsveranstaltung 2 x 2 Tage	Anwendung HKT in Schule zur: Persönlichkeitsentwicklung Prüfungsvorbereitung Leistungsoptimierung von Schüler/innen	Projektleiter und Stellvertreter

Anwendungs-feld	Kontext	Zielgruppe	Durchführung	Zielsetzung	Durchführende
Schule/ Leistungs-sport	Schulfach »Glück« Willy-Hellpach-Schule Heidelberg	BerufsfachschülerInnen ab Klasse 10	HKT wird als ein zentraler Baustein im Unterrichtsfachs Glück gelehrt von Lehrkräften mit HKT-Zusatzausbildung	»Freude an der Leistung« Es soll den SchülerInnen vermittelt werden, »dass Anstrengungen – auch schulische – durchaus freudvoll sein können« (Fritz-Schubert, 2008, S. 109).	LehrerInnen mit Zusatzqualifikation
	Partnerschulen des Olympiastützpunktes Rhein-Neckar	Jugendliche LeistungssportlerInnen	in den Unterricht integriert	optimale Leistungsfähigkeit in schulischen und sportlichen Ernstsituationen, Persönlichkeitsentwicklung, Mental stark werden als Dopingprävention (Enpowermentansatz)	LehrerInnen + Studierende mit Zusatzqualifikation
	»10 HKT-Schulen« (Netzwerk HS, RS, Gym., Berufsschulen in der Metropolregion Rhein-Neckar)	SchülerInnen aller Schularten der Sekundarstufe 1 und 2 sowie der Primarstufe		Persönlichkeitsentwicklung, optimale Leistungsfähigkeit in Prüfungssituationen, Lernoptimierung	LehrerInnen + Studierende mit Zusatzqualifikation
Reha-Klinik Heidelberg-Königstuhl	Reha-Aufenthalt in Klinik	Reha-PatientInnen	Patientenschulung: 4 Termine a 60min durchgeführt von DozentInnen und Studierenden des Studiengangs Gesundheitsförderung	Unterstützung beim Aufbau eines körperlich aktiven Lebensstils	Projektleiter und Stellvertreter + Studierende mit Zusatzqualifikation
Krankenpflegeschulen	Ausbildung	PflegeschülerInnen	Kompaktseminare oder Einzelberatung	besserer Umgang mit Arbeitsbelastungen	Studierende mit Zusatzqualifikation
Ergotherapieschulen	Ausbildung	ErgotherapieschülerInnen	Kompaktseminare oder Einzelberatung	besserer Umgang mit Arbeitsbelastungen, Qualifizierung für Umgang mit Pat.	Stellvertretender Projektleiter
Krankenkassen	Prävention	Kassenmitglieder	Kompaktseminare oder Einzelberatung	besserer Umgang mit Belastungen	Studierende mit Zusatzqualifikation
Selbsthilfegruppen	Prävention	Stakeholder	Kompaktseminare oder Einzelberatung	besserer Umgang mit Belastungen	Studierende mit Zusatzqualifikation
Ärztefortbildung	Rehabilitation	Rehaärzte	Workshop 3 St.	Erfahrungsorientierte Infoveranstaltung	Stellvertretende Projektleiter
Suchtprävention	Fortbildung für Suchtberater des MKJS Baden-Württemberg	Suchtberatungslehrer Schulpsychologen	2 tägiges Kompaktseminar	Qualifizierungsseminar	Projektleiter und Stellvertreter

Die Breite der Anwendungsfelder zeigt, dass es gelungen ist, mit dem HKT ein Modell zu entwickeln, das Menschen befähigt, Strategien und Kompetenzen zu entwickeln, um Herausforderungssituationen erfolgreich zu meistern.

Mit zunehmender Zahl qualifizierter HKT-Anleiter (bisher mehr als 250)[21] steigt auch die Breite der Anwendungen. Ein gewisser Engpass bei der Weiterverbreitung des HKTs liegt momentan bei der Anzahl der Qualifizierungsseminare. Da diese bisher nur von den Autoren dieses Buches betreut werden, ist ihre Anzahl limitiert. Im weiteren Verlauf der HKT-Entwicklung wird es darum gehen, weitere Trainer für die HKT-Qualifizierungsseminare auszubilden. Das Curriculum für diese Trainerqualifikation entsteht momentan als »Train the Trainer«-Konzept, in dem neben dem HKT-Modell vor allem die Grundlagen der Erwachsenenbildung berücksichtigt werden.

Weitere Informationen zum HKT, aktuelle Entwicklungen sowie Downloads von Artikeln und Kopiervorlagen finden Sie unter: **www.ph-heidelberg.de/hkt**

Das Passwort für den passwortgeschützten Teil lautet: **hkt-mental**

---

[21] Qualifizierende Kompaktseminare umfassen vier bis fünf Tage. Die Teilnahme an einem solchen Seminar und die Begleitung, Durchführung und Dokumentation von zwei HKT-Praxisprojekten berechtigen dazu, zukünftig als HKT-Anleiter (HKT-Instruktor/in) eigenständig HKT-Seminare durchzuführen. Dies verstehen wir als Teil unserer Qualitätssicherung.

Literatur

Achtziger, A. / Gollwitzer, P. M. (2009): Intentionstheoretischer Ansatz. In: Brandstätter, V. / Otto, J. H. (Hrsg.): Handbuch der Allgemeinen Psychologie: Motivation und Emotion. Göttingen: Hogrefe, S. 209–214.
Amler, W. / Bernatzky, P. / Knörzer, W. (2006): Integratives Mentaltraining im Sport. Aachen: Meyer & Meyer.
Amler, W. / Knörzer, W. (1995): Bewegungspausen – in Schule, Beruf und Alltag. Heidelberg: Haug.
Antonovsky, A. (1997): Salutogenese: zur Entmystifizierung der Gesundheit. Tübingen: dgvt.
Achtziger, A. / Gollwitzer, P. (2006): Motivation und Volition im Handlungsverlauf. In: Heckhausen, J. / Heckhausen, H. (Hrsg.): Motivation und Handeln. Heidelberg: Springer, S. 277–302.
Bandura, A (1977): Social Learning Theory. Englewood Cliffs, NJ: Prentice Hall.
Bateson, G. (1985): Ökologie des Geistes. Anthropologische, psychologische, biologische und epistemologische Perspektiven. Frankfurt am Main: Suhrkamp.
Bateson, G. (1987): Geist und Natur. Frankfurt am Main: Suhrkamp.
Damasio, A. (1994): Descartes' Irrtum. Fühlen, Denken und das menschliche Gehirn. München: List.
Dürckheim, K.-G. (1981): Übung des Leibes. München: Martin Lurz.
Eberspächer, H. (2001): Mentales Training. Das Handbuch für Trainer und Sportler. München: Copress.
Epstein, S. (1993): Cognitive-experiental self-theory for personality and developmental psychology. In: Funder, D. C. / Parke, R. D. / Tomlinson-Keasy, C. / Widaman, K. (Hrsg.): Studying lives through time. Personality and development. Washington, D.C.: American Psychological Association, S. 399–438.
Epstein, S. (1994): Integration of the Cognitive and the Psychodynamic Unconscious. American Psychologist, 49, S. 709–724.
Epstein, S. / Brodsky, A. (1994): Sie sind viel klüger, als Sie denken. Was man mit Intuition und Verstand erreichen kann. München: Knaur.
Flückiger, C. / Wüsten, G. (2008): Ressourcenaktivierung. Ein Manual für die Praxis. Bern: Huber.
Fredrickson, B. L. (2002): Positive Emotions. In: Snyder, C. R. / Lopez, S. J. (Hrsg.): Handbook of Positive Psychology. Oxford: University Press, S. 120–134.
Fritz-Schubert, E. (2008): Schulfach Glück. Wie ein neues Fach die Schule verändert. Freiburg: Herder.
Gollwitzer, P. M. (1993): Goal achievement: The role of intentions. European Review of Social Psychology, 4, S. 141–185.
Gollwitzer, P. M. (1999): Implementation intentions: Strong effects of simple plans. American Psychologist, 54, S. 493–503.
Grawe, K. / Grawe-Gerber, M. (1999): Ressourcenaktivierung. Ein primäres Wirkprinzip der Psychotherapie. Psychotherapeut, 44, S. 63–73.
Grawe, K. (2000): Psychologische Therapie. Göttingen: Hogrefe.
Grawe, K. (2004): Neuropsychotherapie. Göttingen: Hogrefe.

Hallstein, T. (2010): Steigerung der Selbstwirksamkeitsüberzeugung durch das Heidelberger-Kompetenz-Training – Eine Wirksamkeitsstudie an der Neubergschule Dossenheim (unveröffentlichte wissenschaftliche Hausarbeit an der Pädagogischen Hochschule Heidelberg).

Helmke, A. (2008): Unterrichtsqualität und Lehrerprofessionalität. Diagnose, Evaluation und Verbesserung des Unterrichts. Seelze-Velber: Kallmeyer.

Klemenz, B. (2007): Ressourcenorientierte Erziehung. Tübingen: dgvt.

Knörzer, W. (1994): Ein systemisches Modell der Gesundheitsbildung. In: Knörzer, W. (Hrsg.): Ganzheitliche Gesundheitsbildung in Theorie und Praxis. Heidelberg: Haug, S. 49–71.

Knörzer; W. (2011a): Ressourcenorientierte Gesundheitspädagogik. In: Knörzer, W./Rupp, R. (Hrsg.): Gesundheit ist nicht alles – was ist sie dann? Gesundheitspädagogische Antworten. Baltmannsweiler: Schneider Verlag Hohengehren, S. 1–19.

Knörzer, W. (2011b): Ressourcenorientierung als Grundlage des Aufbaus nachhaltiger Motivation im Sport. In: Dannenmann, F./Meutgens, R./Singler, A. (Hrsg.): Sportpädagogik als humanistische Herausforderung. Aachen: Shaker, S. 75–88.

Knörzer, W./Amler, W./Bernatzky, P./Breuer, S. (2006): Sportlerinnen und Sportler mental stark machen – kompetenzorientierte Dopingprävention in der Praxis. In: Knörzer, W./Spitzer, G./Treutlein, G. (Hrsg.): Dopingprävention in Europa – Grundlagen und Modelle. Erstes Internationales Fachgespräch 2005 in Heidelberg. Aachen: Meyer & Meyer, S. 242–248.

Knörzer, W./Rupp, R. (2009): Ressourcenorientierte Sport- und Bewegungserziehung. In: Zt. Perspektiven zur pädagogischen Professionalisierung 77, »Gesundheit: Last oder Lust!? – Gesundheitsförderung in der Schule«. Landau: Verlag Empirische Pädagogik e.V., S. 35–41.

Knörzer, W./Rupp, R. (2010): Ressourcenorientierung als Grundprinzip sportpädagogischen Handelns. In: Knörzer, W./Schley, M. (Hrsg.): Neurowissenschaft bewegt. Hamburg: Edition Czwalina, Feldhaus Verlag, Reihe Sportwissenschaft und Sportpraxis Bd. 156, S. 19–34.

Knörzer, W./Rupp, R./Heinrich, S. (2010): Mentale Stärke entwickeln – das Beispiel des Heidelberger Kompetenztrainings (HKT). In: Knörzer, W./Schley, M. (Hrsg.): Neurowissenschaft bewegt. Hamburg: Edition Czwalina, Feldhaus Verlag, Reihe Sportwissenschaft und Sportpraxis Bd. 156, S. 69–76.

Knörzer, W./Schley, M. (Hrsg.) (2010a): Neurowissenschaft bewegt. Hamburg: Edition Czwalina, Feldhaus Verlag, Reihe Sportwissenschaft und Sportpraxis Bd. 156.

Knörzer, W./Schley, M. (2010b): Neurowissenschaft bewegt – einleitende Gedanken zum Verhältnis von Neuro- und Bewegungswissenschaften. In: Knörzer, W./Schley, M. (Hrsg.): Neurowissenschaft bewegt. Hamburg: Edition Czwalina, Feldhaus Verlag, Reihe Sportwissenschaft und Sportpraxis Bd. 156, S. 7–9.

Kuhl, J. (2001): Motivation und Persönlichkeit. Interaktionen psychischer Systeme. Göttingen: Hogrefe.

Kuhl, J. (2010): Lehrbuch der Persönlichkeitspsychologie. Motivation, Emotion und Selbststeuerung. Göttingen: Hogrefe.

Kuhl., J./Strehlau, A. (2009): Handlungspsychologische Grundlagen des Coaching: Anwendung der Theorie der Persönlichkeits-System-Interaktionen (PSI). In: Birgmeier, B. (Hrsg.): Coachingwissen. Denn sie wissen nicht, was sie tun? Wiesbaden: Verlag für Sozialwissenschaften, S. 171–182.

Locke E./Latham, G. (1990): A theory of goal setting and task performance. Englewood Cliffs, NJ: Prentice Hall.

Mayer, J./Hermann, H.-D. (2009): Mentales Training. Grundlagen und Anwendung in Sport, Rehabilitation, Arbeit und Wirtschaft. Heidelberg: Springer.

Müller, G. (2003): Systemisches Coaching im Management. Weinheim: Beltz.

Pedak, M. (2010): Implementierung des Heidelberger Kompetenztrainings (HKT) in der Rehabilitation zur Förderung eines gesundheitsförderlichen Lebensstils bei Patienten. Eine Pilotstudie in der Rehaklinik Heidelberg-Königstuhl unter besonderer Berücksichtigung der Patientenakzeptanz, der Stärkung der Selbstwirksamkeitserwartung und der Nachhaltigkeit (unveröffentlichte Bachelorarbeit an der Pädagogischen Hochschule Heidelberg).

Rolff, H.-G. (2004): Schulentwicklung durch Standards? Das Konzept der KMK. In: Journal für Schulentwicklung, 8. Jahrgang, 4/2004, Studienverlag, S. 47–54.

Rupp, R. (2009): Das Heidelberger Kompetenztraining (HKT) zur Entwicklung mentaler Stärke. Eine theoretische Fundierung des Modells auf der Basis der Konsistenztheorie Grawes. München: GRIN Verlag.

Rupp, R. (2011a): Bedürfnisorientierung als gesundheitserzieherisches Grundprinzip. In: Knörzer, W./Rupp, R. (Hrsg.): Gesundheit ist nicht alles – was ist sie dann? Gesundheitspädagogische Antworten. Baltsmannsweiler: Schneider Verlag Hohengehren, S. 20–33.

Rupp, R. (2011b): Bedürfnisorientierung als Gestaltungsidee für den Alterssport. In: Knörzer, W./Rupp, R. (Hrsg.): Gesundheit ist nicht alles – was ist sie dann? Gesundheitspädagogische Antworten. Baltmannsweiler: Schneider Verlag Hohengehren, S. 101–110.

Schwarzer, R./Jerusalem, M. (1999): Skalen zur Erfassung von Lehrer- und Schülermerkmalen. Dokumentation der psychometrischen Verfahren im Rahmen der Wissenschaftlichen Begleitung des Modellversuchs Selbstwirksame Schulen. Berlin.

Smith, E./Grawe, K. (2003): Die funktionale Rolle von Ressourcenaktivierung für therapeutische Veränderungen. In: Schemmel, H./Schaller, J. (Hrsg.): Ressourcen. Ein Hand- und Lesebuch zur therapeutischen Arbeit. Tübingen: dgvt, S. 111–122.

Storch, M. (2008): Rauchpause. Wie das Unbewusste dabei hilft, das Rauchen zu vergessen. Bern: Hans Huber.

Storch, M. (2009): Motto-Ziele, SMART-Ziele und Motivation. In: Birgmeier; B. (Hrsg.): Coachingwissen. Denn sie wissen nicht, was sie tun? Wiesbaden: VS Verlag für Sozialwissenschaften, S. 183–205.

Storch, M./Cantieni, B./Hüther, G./Tschacher, W. (2006): Embodiment. Die Wechselwirkung von Körper und Psyche verstehen und nutzen. Bern: Hans Huber.

Storch, M./Krause, F. (2007): Selbstmanagement – ressourcenorientiert. Grundlagen und Trainingsmanual für die Arbeit mit dem Züricher Ressourcen Modell (ZRM). Bern: Hans Huber.

Storch, M./Riedener, A. (2006): Ich packs! Selbstmanagement für Jugendliche. Ein Trainingsmanual für die Arbeit mit dem Züricher Ressourcen Modell. Bern: Hans Huber.

Storch, M./Olbrich, D. (2011): Das GUSI-Programm als Beispiel für Gesundheitspädagogik in Präventionsleistungen der Deutschen Rentenversicherung. In: Knörzer, W./Rupp, R. (Hrsg.): Gesundheit ist nicht alles – was ist sie dann? Gesundheitspädagogische Antworten. Baltmannsweiler: Schneider Verlag Hohengehren, S. 111–126.

Tenorth, H.-E./Tippelt, R. (Hrsg.) (2007): Beltz Lexikon Pädagogik. Weinheim und Basel: Beltz.

Unger, H. v./Block, M./Wright, M. T. (2007): Aktionsforschung im deutschsprachigen Raum. Veröffentlichungsreihe der Forschungsgruppe Public Health, Wissenschaftszentrum Berlin für Sozialforschung.

Wahl, D. (2006): Lernumgebungen erfolgreich gestalten. Vom trägen Wissen zum kompetenten Handeln. Bad Heilbrunn: Klinkhardt.

Weinert, F. E. (Hrsg.) (2001): Leistungsmessungen in Schulen. Weinheim: Beltz, S. 27 ff.

Verzeichnis der Abbildungen

Abb. 1: Der HKT-Baum als symbolische Darstellung des HKT-Prozesses
Abb. 2: Modell der »Konsistenztheorie« nach Klaus Grawe (2004)
Abb. 3: Gegenüberstellung IG – EG
Abb. 4: Entwicklung motivationaler Annäherungs- und Vermeidungsschemata
Abb. 5: Der »Rubikon-Prozess« nach Storch und Krause (2007, S. 65)
Abb. 6: Die Verortung der vier HKT-Teilschritte im »Rubikon-Prozess«
Abb. 7: HKT-Teilzielevaluation
Abb. 8: Der HKT-Baum als visuelle Orientierungshilfe im HKT-Prozess
Abb. 9: Standard »Ziele erarbeiten«
Abb. 10: Beispiele für SMART-Ziele mit ihren korrespondierenden Motto-Zielen
Abb. 11: KRAFT-Fragen zur Erarbeitung einer effektiven Zielformulierung
Abb. 12: Das KRAFT-Ziele-Protokoll
Abb. 13: Beispiel eines Motto-Ziel-Bildes aus einer dritter Grundschulklasse
Abb. 14: Motto-Ziel-Foto
Abb. 15: Vorbereitungsfragen für das mentale Erleben der eigenen Zielerreichung
Abb. 16: Standard »Konzentration«
Abb. 17: Sich im »Hara« zentrieren
Abb. 18: Das lange Ausatmen
Abb. 19: Die richtige Haltung
Abb. 20: Die mittlere Körperspannung
Abb. 21: Der »Unbeugsame Arm«
Abb. 22: Arbeitsblatt zur Entwicklung eines Konzentrationssymbols
Abb. 23: Konzentrationssymbole aus einer Grundschulklasse
Abb. 24: Konzentrationssymbole aus der Hochschule
Abb. 25: Standard »Stärken stärken«
Abb. 26: Stärkensonne
Abb. 27: Stärkenstrauß
Abb. 28: Standard »Zielintention abschirmen«
Abb. 29: Lösungsideen entwickeln
Abb. 30: KVP-Prozess

Stichwortverzeichnis

Annäherungsziele   45 f.
Anwendungsfelder des HKT   108 f.
digital – analog   28
Embodimentkonzept   68
Evaluation   153 f.
Extensionsgedächtnis   28
Grundbedürfnisse, psychische   24
Hara-Prinzip   67
Herausforderungssituation   15 f.
HKT-Baum   17
HKT-Prinzip   17, 18
HKT-Prozess   16
HKT-Schritte   16
Implementation des HKT   38, 69
Inkongruenz, kontrollierbare   21
Inkongruenz, unkontrollierbare   21
Intentionsgedächtnis   28
Konsistenztheorie   24
Konzentration   65
KRAFT-Ziele-Modell   52 f.
mentale Stärke   15
mentales Training   51
motivationale Schemata   25 f., 30
Annäherung   25 f.
Vermeidung   25 f.

Motto-Ziele   48, 54
Outcomeorientierung   34
Praxisbeispiele   100 f.
Qualitätssicherung   97 f.
Ressourcenaktivierung   78
Ressourcenaufbau   78
Rubikon-Modell   31
Selbstwirksamkeitsüberzeugung
SMART-Ziele   47, 52
somatische Marker   29
Stärkenanalyse   81
Vermeidungsziele   45 f.
Wenn-dann-Pläne   90
Zielerreichung erleben   49 f., 58 ff.
Zielintention abschirmen   89, 92 f.
Zielkriterien   47, 52
Zielvisualisierung   61 f.

Anhang

Kopiervorlagen
für den HKT-Prozess*

---

* Die Kopiervorlagen sind als Anregungen zu verstehen. Alternativ können die Inhalte auch auf Moderationskärtchen oder Plakate geschrieben werden.

KV1 | Der HKT-Baum

Name   Datum

- Intentionsabschirmung
- Intentionsabschirmung
- Intentionsabschirmung
- Intentionsabschirmung

Der HKT-Baum

- Ziele
- Konzentration
- Stärke
- Stärke
- Stärke

HKT Heidelberger Kompetenz Training

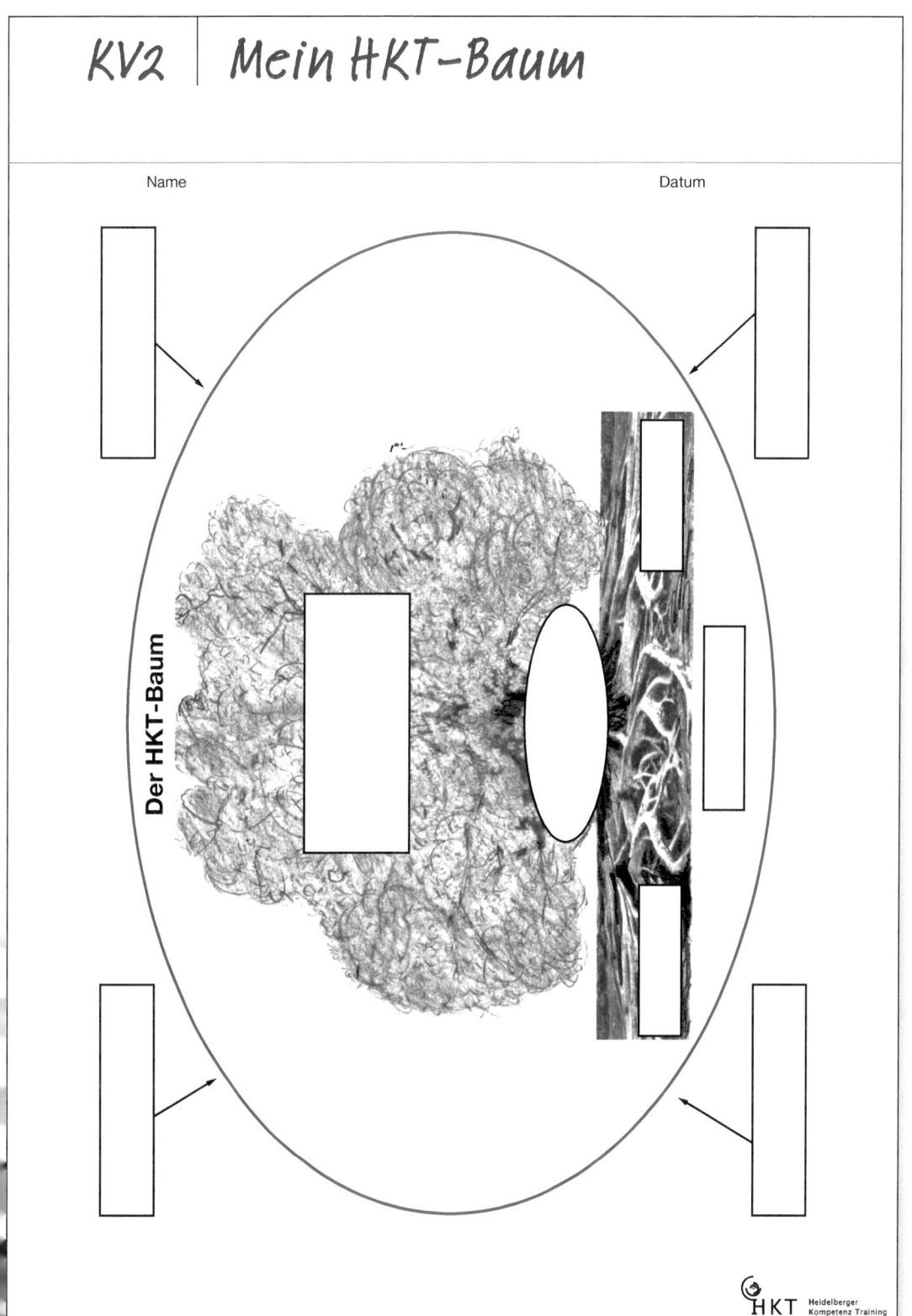

Kopiervorlagen

für die Zielarbeit

KV3 | Der Zielrahmen

Name   Datum

1. Was ist mein Ziel?

   ....

2. Wann, wo und in welchem Kontext erreiche ich es?

   ....

3. Woran merke ich, dass ich mein Ziel erreicht habe?

   ....

4. Muss ich für die Realisierung meines Ziels etwas aufgeben bzw. grundlegend ändern?

   ....

5. Muss ich mein Ziel eventuell verändern? Wenn ja, wiederhole den Prozess ab Schritt 1.

   ....

6. Was ist mein endgültiges Ziel?

   ....

7. Was ist mein wichtigster persönlicher Gewinn bei der Zielerreichung?

   ....

KV4 | Reflexionsgespräch mit dem KRAFT-Ziele-Modell

Name   Datum

Das KRAFT-Ziele-Modell[22] eignet sich sehr gut als Grundlage zur Überprüfung der Ziele:

K – konkret, sinnspezifisch
R – realistisch, mit eigenen Prüfkriterien
A – attraktiv, positive Auswirkungen
F – Fähigkeiten zur Umsetzung, Ressourcen
T – Terminplanung

Überprüfen der Ziele oder »der Prozess in dem aus ›Wünschen‹ ›Ziele werden‹

K	Was genau willst du erreichen? Wann, wo und mit wem willst du es erreichen? Woran wirst du erkennen, dass du dieses Ziel erreicht hast? Was siehst du, hörst du, fühlst du, wenn du dein Ziel erreicht hast? Was willst du tun? (Nicht: Was willst du lassen, beenden, vermeiden?)
R	Wie kannst du die Erreichung des Ziels selbst beeinflussen? Was liegt in deiner Macht? Was genau kannst du tun (Nicht: Was können andere für dich tun?)
A	Was ist dir wichtig daran, dieses Ziel zu erreichen? Was wird sich für dich oder deine Umgebung verändern? Welchen Nutzen und Gewinn erhoffst du dir dadurch?
F	Welche Fähigkeiten und Eigenschaften stehen dir zur Verfügung, um dein Ziel zu erreichen?
T	Bis wann willst du dein Ziel erreichen (Datum)? Was ist dein erster Schritt in Richtung Ziel? Was genau müsste der nächste Schritt beinhalten?

Aufgabe: Suche dir einen Partner und besprich die Fragen des KRAFT-Modells. Schreibt gegenseitig alles auf, was der Partner sagt.

---

22 Quelle: Müller, G. (2003): Systemisches Coaching im Management. Weinheim: Beltz.

KV5 | Reflexionsgespräch-Protokoll[23]

Name   Datum

K

R

A

F

T

---
23 Quelle: Müller, G. (2003): Systemisches Coaching im Management. Weinheim: Beltz.

KV 6 | Motto-Ziel-Entwicklung

Name   Datum

1. Zunächst sollen zur eigenen Zielsetzung passende Wunschelemente gefunden werden. Frage: »Welches Tier, welches Auto ... verfügt über Eigenschaften, die dir bei deinem Ziel nützlich sein könnten?« (eventuell Anregungen über Bildersammlungen geben)

2. Nun sollen ein bis drei gefundene Wunschelemente schriftlich formuliert werden.

3. Im nächsten Schritt werden eigene positive Assoziationen zu jedem der Elemente notiert.

4. Diese sollen durch zwei bis drei weitere Personen schriftlich ergänzt werden.

5. Anschließend werden aus dieser Sammlung diejenigen Assoziationen ausgewählt, die am stärksten emotional ansprechen, und gemeinsam mit den Wunschelementen auf ein neues Blatt übertragen.

6. Daraus kann ein stimmiger Motto-Ziel-Satz gebildet werden.

KV7 | Mein Ziel

Name   Datum

Wie möchte ich mein Ziel erreichen:

....

Mein Zielbild:

KV8 | Zielerreichung erleben

Name   Datum

Beantworte zunächst folgende Fragen, die dir dabei helfen, dein gewünschtes Ziel, deinen Erfolg, schon im Voraus intensiv zu erleben. Dadurch werden deine Energie und deine Motivation stark auf die Zielerreichung gelenkt. Sorge dafür, dass du genügend Zeit hast, um diesen Prozess in Ruhe durchzuführen.

1. Wo, in welcher Umgebung wirst du dein Ziel erreichen? Beschreibe dieses Umgebung (Raum, Halle, Sportplatz, Gelände etc.), so gut du kannst. Wenn dir die Umgebung noch nicht bekannt ist, stelle dir vor, wie sie aussehen könnte.

   ....

2. Was genau tust du, nachdem du dein Ziel erreicht hast (z. B. jubeln oder den Erfolg still genießen, deine Freunde umarmen)?

   ....

3. Welche Gefühle hast du jetzt? Und in welchen Körperbereichen spürst du sie am stärksten?

   ....

4. Passt ein Satz, ein Kommentar dazu?

   ....

5. Passt eine Bewegung, eine Geste dazu?

   ....

Nachdem du diese Fragen beantwortet hast, gehe intensiv in das Erleben deiner Zielerreichung. Stelle dir noch einmal die Umgebung vor, das, was du tust, deine Gefühle, sage dir laut oder leise den passenden Satz und führe dazu die Bewegung oder Geste aus. Du kannst dieses Erleben der Zielerreichung so oft wiederholen, wie du möchtest. Mit jeder Wiederholung (durchaus an unterschiedlichen Tagen) verstärkst du deine innere Motivation, die dir dabei hilft, dein Ziel zu verwirklichen.

KV9 | Zielerreichung erleben – Übungsablauf

Name   Datum

1. Lege mit einem Baustellenband eine Linie auf dem Boden aus und markiere den Gegenwarts- und den Zielpunkt.
2. Stelle dich in das Ziel hinein und beantworte jetzt innerlich die folgenden Fragen, die dir helfen, deine Zielerreichung im Voraus intensiv zu erleben.

- Wo, in welcher Umgebung, wirst du dein Ziel erreichen? Beschreibe die Umgebung (Raum, Halle, Sportplatz, Gelände etc.), so gut du kannst. Wenn dir die Umgebung noch nicht bekannt ist, stelle dir vor, wie sie aussehen könnte.
- Was genau tust du, nachdem du dein Ziel erreicht hast (z. B. jubeln oder den Erfolg still genießen, deine Freunde umarmen etc.)?
- Welche Gefühle hast du im Moment deiner erfolgreichen Zielerreichung? Ist es ein Ganzkörpergefühl oder spürst du diese Triumphgefühle eher an bestimmten Stellen? In welchen Körperbereichen spürst du sie am stärksten?
- Passt ein Satz, ein Kommentar zu deiner Zielerreichung?
- Passt eine Bewegung, eine Geste zu deiner Zielerreichung?

3. Nachdem du diese Fragen beantwortet hast, gehe intensiv in das Erleben der Zielerreichung. Stelle dir noch einmal die Umgebung vor – das, was du tust, deine Gefühle, sage dir laut oder leise den passenden Satz und führe dazu die Bewegung oder Geste aus.

4. Verlasse jetzt den Zielpunkt und gehe in einem Bogen zum Gegenwartspunkt, an dem du deinen Weg zum Ziel beginnen willst.

5. Nimm das Ziel in den Blick und beginne, in deinem Tempo Schritt für Schritt den Weg zum Ziel zu gehen. Wenn du dein Ziel erreicht hast, erlebe wieder dieses Gefühl der erfolgreichen Zielerreichung so intensiv wie möglich. Lasse dir die Zeit, die du dazu brauchst. Diesen Weg zum Ziel kannst du jetzt in gleicher Weise wiederholen. Gehe den Weg mindestens dreimal.

Wolfgang Knörzer/Wolfgang Amler/Robert Rupp (2011): »Mentale Stärke entwickeln«. © Beltz Verlag · Weinheim und Ba

KV 10 | »Der Daumenfokus«

Name   Datum

Mache ein kleines Experiment, das dir verdeutlicht, welche Macht unser Geist besitzt.

1. Suche einen Platz, an dem du dich mit zur Seite ausgestreckten Armen frei drehen kannst, und stelle dich schulterbreit hin. Wichtig ist es, dass du deine Fußstellung während der gesamten Übung nicht mehr veränderst.

2. Strecke deinen rechten Arm in Schulterhöhe mit dem Daumen nach oben gerade nach vorne und fixiere diesen mit deinem Blick. Drehe dich mit dem Oberkörper langsam nach rechts, bis es nicht mehr weitergeht. Merke dir den Punkt, der in dieser Position hinter deinem Daumen (an der Wand) zu sehen ist, und drehe dich in die Ausgangsstellung zurück, ohne dabei deine Fußstellung zu verändern.

3. Schließe die Augen und stelle dir jetzt in deiner Fantasie (ohne praktische Ausführung!) vor, was du gerade gemacht hast. Drehe dich im Geiste wieder bis zu jenem Punkt, den du zuvor erreicht hast. Jetzt drehe dich in deiner Vorstellung weiter. Entwickle eine Vorstellung, in der du dich um 20 bis 30 cm weiter drehst.

4. Öffne nun die Augen und realisiere dieselbe Bewegung. Drehe dich dabei so weit, wie du kommst. Was hat sich verändert? Wie weit bist du jetzt gekommen?

KV 11 | Zielvisualisierung

Name   Datum

» Suche dir eine bequeme Sitz- oder Liegeposition, richte deine Aufmerksamkeit nach innen, auf dein inneres Erleben. Vielleicht möchtest du die Augen schließen – spüre, an welchen Punkten dein Körper die Sitzfläche berührt, das Gesäß und der Rücken – wie dir die Lehne einen sicheren Halt gibt und wie die Füße sicher auf dem Bode stehen. Achte nun besonders auf deine Atmung. Spüre, wie der Atem ruhig ein- und ausströmt. Versuche mit jedem Ausatmen deinen Atem etwas länger und tiefer werden zu lassen. «

» Lasse nun aus deiner Erinnerung einen Ort auftauchen, an dem du dich einmal sehr wohl gefühlt hast. Betrachte das Bild dieses Ortes vor deinem inneren Auge: Ist es schwarz-weiß oder farbig? Wenn es farbig ist, welche Farben hat es? Wie ist das Licht in diesem Bild? Welche Umgebung siehst du mit deinem inneren Auge? Bist du selbst in dem Bild und/oder andere? Gehören wichtige Gegenstände zum Bild? Während du dieses Bild betrachtest, höre einmal, welche Töne und Geräusche zu diesem Bild gehören: vielleicht Stimmen, vielleicht Naturgeräusche, Musik oder auch Stille. Vielleicht gehört zu der Erinnerung auch ein bestimmter Geruch oder Geschmack. Lasse nun das Gefühl, das du damals hattest, wieder ganz intensiv werden, lass dich erfüllen von diesem Gefühl. … und während du in Gedanken an deinem schönen Ort bleibst, lass vor deinem inneren Auge eine Leinwand auftauchen. Auf dieser erscheint nun ein Film, in dem du dich siehst, wie du gerade dabei bist, dein Ziel zu erreichen. Schaue dir dabei genau zu: wie du stehst, sitzt oder liegst, deine Gesten, vielleicht deinen Gesichtsausdruck, die Art, wie du mit anderen umgehst. Höre auch einmal auf deine Stimme: welche Worte du wählst, wie sich deine Stimme anhört. Und nun werde selbst ein Teil dieses Filmes: Spüre, wie du dich fühlst, wenn du dein Ziel erreichst, spüre deinen Gesten und deinem Gesichtsausdruck nach. Vielleicht spürst du auch den Klang deiner Stimme und wie du den Moment erlebst, in dem du dein Ziel erreichst. Spüre dieses Erleben in deinem Körper und lasse es stark werden. Es wird dir Kraft geben. «

» Lasse nun den Film auf der Leinwand wieder verblassen. Bleibe noch für einige Zeit an deinem schönen Ort, genieße es, dort zu sein, wo du dich erholst und neue Energien tankst. In deinen Gedanken kannst du immer wieder an diesen Ort zurückkehren. «

» Komme nun in Gedanken von diesem Ort zurück und richte deine Aufmerksamkeit wieder auf deine Atmung. Atme einige Male tief durch, strecke und dehne dich und lasse Bewegung in deinen Körper zurückkommen. Öffne die Augen und sei wieder ganz wach hier. «

Kopiervorlagen

für die Konzentrationseinheit

KV 12 / 1 | »Kon-Zen-tration« – Übungsfolge

Name   Datum

1. **Seinen Schwerpunkt im »Hara« finden**
   Die Übung wird im Stand durchgeführt. Man drückt mit den Fingern beider Hände etwa drei Fingerbreit unter dem Bauchnabel in den Unterbauch. Dieser Punkt entspricht sowohl dem physikalischen Schwerpunkt des menschlichen Körpers als auch dem Sitz der Energie, die von den Japanern »Ki«, von den Chinesen »Chi« genannt wird. Nun werden die Finger mit einem kräftigen Ausatemstoß und gleichzeitiger Anspannung der Bauchmuskulatur wieder hinausgeworfen. Wiederholt man dies mehrere Male, kann man zum einen die Kraft spüren, die an dieser Körperstelle vorhanden ist, und zum anderen ein Gefühl für seinen Schwerpunkt entwickeln.

2. **Die Bedeutung des langen Ausatmens**
   Teil 1: Der Partner wird, während er tief einatmet, vom Boden abgehoben.
   Teil 2: Der Partner wird, während er tief ausatmet und sich gleichzeitig auf seinen Schwerpunkt konzentriert, hochgehoben.

3. **Die Bedeutung der richtigen Haltung für den sicheren Stand**
   Teil 1: Ein Partner steht in einer »militärischen Haltung« mit durchgedrückten Knien, angespannter Muskulatur und angehaltener Atmung. Der andere Partner versucht, ihn durch leichten Druck auf das Brustbein aus dem Gleichgewicht zu bringen.
   Teil 2: Der Partner steht im »Hara« zentriert, in den Knien leicht gebeugt, mit ruhiger, tiefer Ausatmung. Wieder versucht der andere Partner, ihn mit leichtem Druck aus dem Gleichgewicht zu bringen.

KV 12/2 »Kon-Zen-tration« – Übungsfolge

Name   Datum

4. Die »rechte Spannung« finden
   Teil 1: Ein Partner liegt locker und entspannt auf dem Boden, sodass sich seine Beine und Arme ohne Anstrengung bewegen lassen – wie bei einer Puppe.
   Teil 2: Der auf dem Boden liegende Partner macht sich durch maximale Anspannung aller Muskeln zu einem »Brett«. Der andere Partner hebt ihn an seinen Beinen rückengerecht leicht an und hält ihn in dieser Position für kurze Zeit.
   Teil 3: Die Übung wird wiederholt. Der am Boden liegende Partner versucht, gerade so viel Spannung im Körper zu entwickeln, dass er beim Anheben nicht durchhängt, sondern in der Hüfte gestreckt bleibt. Wer möchte, kann hier mit seiner »rechten Spannung« regelrecht spielen.

5. Der »Unbeugsame Arm«
   Ein Partner streckt einen Arm zur Seite aus, der andere Partner versucht diesen zu beugen. Versucht man mit großer Muskelkraft, den Beugungsversuchen zu begegnen, so wird bei gleich starken Partnern der Beugende ohne große Schwierigkeiten zum Erfolg kommen. Nimmt man dagegen eine lockere, aufrechte Körperhaltung ein, hält den Arm in der mittleren Spannung gestreckt, zentriert sich im »Hara« und atmet dabei lange und tief aus, so wird der Partner den Arm kaum beugen können.

KV 13 | Mein Konzentrationssymbol

Name   Datum

Mein Konzentrationssymbol

Zentrierung	Atmung
Haltung	Muskelspannung

Wolfgang Knörzer/Wolfgang Amler/Robert Rupp (2011): »Mentale Stärke entwickeln«. © Beltz Verlag · Weinheim und Ba

Kopiervorlagen
für die Stärkenarbeit

KV14 | Meine Stärkensonne

Name   Datum

Trage in die Stärkensonne all deine Stärken ein, über die du verfügst.

Meine Stärkensonne

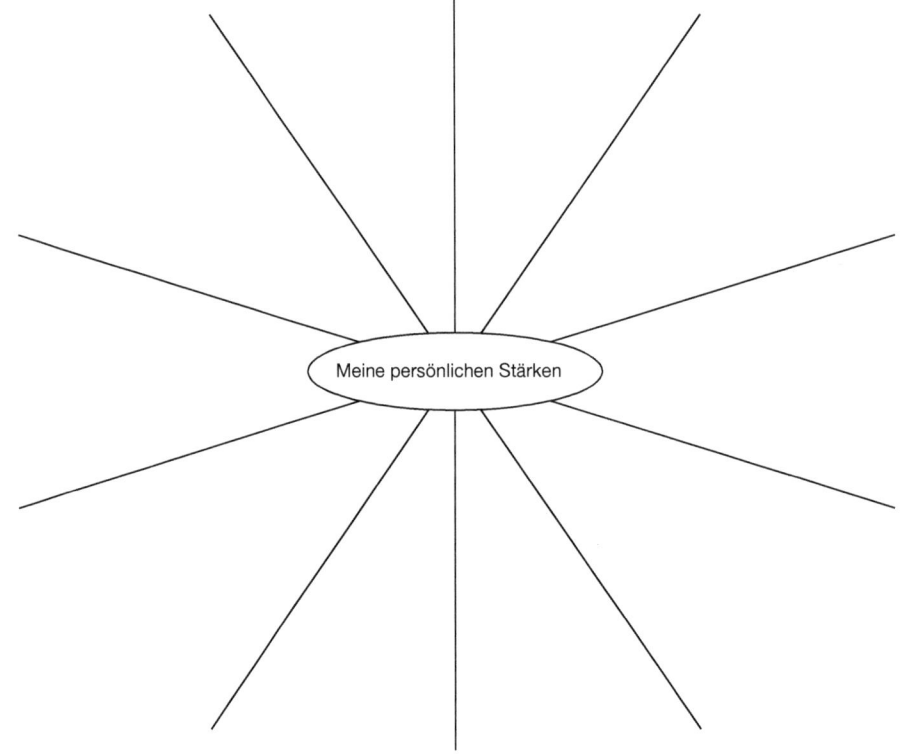

Wolfgang Knörzer/Wolfgang Amler/Robert Rupp (2011): »Mentale Stärke entwickeln«. © Beltz Verlag · Weinheim und Ba

KV15 | Stärken-Feedback

Name   Datum

Feedback-Geber:
nennt im Brainstorming-Stil alle Stärken, die ihm zum Feedback-Nehmer einfallen. Es darf intuitiv »fantasiert« werden!

Feedback-Nehmer:
hört das Feedback schweigend an und lässt sich inspirieren.

Gesamtgruppenform:
- Es werden zwei Stuhlreihen gebildet. Die Teilnehmer sitzen sich paarweise gegenüber. Auf ein akustisches Signal hin beginnt Reihe A mit dem Feedback für Reihe B (Dauer: 30 bis 60 Sekunden).
- Jetzt erfolgt ein Rollentausch (B gibt Feedback; A hört zu).
- Danach wechseln beide Reihen nach links einen Stuhl weiter.
- Empfehlenswert sind vier bis acht Durchgänge.

Vierergruppenform:
- Eine Person sitzt auf dem »Ressourcenstuhl« und erhält von den anderen drei Gruppenmitgliedern zwei bis drei Minuten lang Feedback.
- Danach erfolgt ein Rollentausch, bis jedes Gruppenmitglied einmal Feedback-Nehmer war.

»Schildkrötenmethode« (besonders für jüngere Teilnehmer geeignet):
- Jedes Gruppenmitglied bekommt ein leeres Blatt Papier, auf dem die Überschrift »Meine Stärken« vermerkt ist. Es wird mit Kreppband auf den Rücken geklebt.
- Aufgabe der Gruppe ist es, jedem Gruppenmitglied fünf Stärken auf sein Blatt zu schreiben (jeder Schreiber darf allerdings nur eine Stärke pro Blatt aufschreiben).
- Die Gruppenmitglieder bewegen sich frei im Raum und füllen nach und nach die Blätter der anderen aus.
- Sind auf jedem Blatt fünf Stärken vermerkt, dürfen die Blätter abgenommen und gelesen werden.

»Stärkendusche«
- Ein Gruppenmitglied steht mit dem Rücken zur restlichen Gruppe vor einer Tafel bzw. einem Flipchart.
- Die Gruppenmitglieder rufen dem Feedbacknehmer im Brainstorming-Verfahren seine Stärken zu. Dieser notiert all das, was ihm zusagt, auf der Tafel.

HKT Heidelberger Kompetenz Training

KV 16 | Mein »Stärkenstrauß«

Name   Datum

Trage in den Stärkenstrauß alle deine Stärken ein, die du für das Erreichen deines Ziels gut brauchen kannst.

KV 17 | Stärke modellieren

Name   Datum

1. Die Wunschstärke wird festgelegt.

2. Die Fantasiereise wird angetreten. Dabei soll eine Person (A) auftauchen, die diese Wunschstärke oder wichtige Teile von ihr besitzt oder besaß. Die Person soll möglichst intensiv erinnert werden: wie sie aussah, wie sie sich anhörte, wie sie sich bewegte, wenn sie ihre spezielle Stärke zeigte. Die Stärke wird innerlich benannt.

3. Im Anschluss werden die Teilnehmer aus der Entspannung zurückgeholt, die Stärke wird auf eine Karte geschrieben und diese auf den Boden gelegt.

4. Dann wird einem Partner die besondere Stärke verbal und gestisch erläutert (möglichst mit einer passenden Bewegung verknüpft). Der entsprechende Teilnehmer sollte dabei auf der Karte als Bodenanker stehen.

5. Im nächsten Schritt soll sich der Teilnehmer die Stärke mental einverleiben. Dazu erinnert er sich an die Vorbildperson, benennt – laut oder leise – die Stärke, führt die dazu passende Bewegung aus und spürt die Stärke. Diese Phase sollte mehrfach wiederholt werden.

6. Als Zielvisualisierung sollte der Teilnehmer sich selbst mit der »modellierten« Stärke in einer zukünftigen Situation visualisieren.

KV 18 — Der Schlüssel zu meiner Stärke

Name   Datum

1. **Stärke wählen**
   Wähle die Stärke aus, die du in einer bestimmten Situation zur Verfügung haben möchtest. Diese kann der wichtigsten Stärke in deiner Stärkensammlung entsprechen.

2. **Erinnerung an eine Stärkensituation**
   Suche in deiner Erinnerung eine Situation, in der du diese Stärke besonders gut zur Verfügung hattest. Wenn dir mehrere Situationen einfallen, wähle eine davon aus.

   - Wo hat das Ganze stattgefunden? Wie sah die Umgebung aus?
   - Was genau hast du getan?
   - Wie hast du das getan?

3. **»Stärkenschlüssel« finden**
   Wenn die Erinnerung an deine Stärkensituation besonders intensiv ist und du das Gefühl hast, in Kontakt mit deiner Stärke zu sein, beantworte diese Fragen:

   - Welcher innere Satz passt zu diesem Erleben?
   - Welche Geste, welche Bewegung fällt dir spontan dazu ein?
   - Welches Bild, welches Symbol fällt dir ein?

4. **»Schlüssel« stärken**
   Übe nun, diesen Schlüssel in verschiedenen Situationen zu gebrauchen und durch ihn Kontakt zu der Stärke zu erlangen. Der Schlüssel öffnet dir immer wieder die Tür zum Spüren deiner Stärke.

Wolfgang Knörzer/Wolfgang Amler/Robert Rupp (2011): »Mentale Stärke entwickeln«. © Beltz Verlag · Weinheim und Ba

KV 19 | Stärkenvisualisierung

Name   Datum

》 Suche dir eine bequeme Sitz- oder Liegeposition, richte deine Aufmerksamkeit nach innen. Vielleicht möchtest du die Augen schließen. Spüre, an welchen Punkten dein Körper die Sitz- oder Liegeunterlage berührt – die Füße, das Becken und Gesäß, der Rücken und die Schultern, die Hände, der Kopf. Achte nun besonders auf deine Atmung und versuche, mit jedem Ausatmen deinen Atem etwas länger und tiefer werden zu lassen.

Lass nun in deiner Erinnerung eine Situation auftauchen, in der du deine besondere Stärke besonders stark zur Verfügung hattest. Wenn dir mehrere Situationen einfallen, wähle eine davon aus.

- Wo hat das Ganze stattgefunden? Wie sah die Umgebung aus?
- Was genau hast du getan?
- Wie hast du das getan?
- Welcher innere Satz passt zu diesem Erleben?
- Welche Geste, welche Bewegung fällt dir spontan dazu ein?
- Welches Bild, welches Symbol fällt dir ein?

Stelle dir nun eine Situation in der Zukunft vor, in der du diese besondere Stärke gut gebrauchen kannst.

Lasse hierzu vor deinem inneren Auge eine Leinwand auftauchen. Auf dieser erscheint nun ein Film, in dem du dich siehst, wie du über deine Stärke in der zukünftigen Situation voll und ganz verfügst. Schaue dir dabei genau zu: wie du stehst, sitzt oder liegst, deine Gesten, vielleicht deinen Gesichtsausdruck, die Art, wie du mit anderen umgehst. Höre auch einmal auf deine Stimme: welche Worte du wählst und wie sich deine Stimme anhört.

Nun werde selbst ein Teil dieses Filmes. Spüre, wie du dich fühlst, wenn du voll und ganz über deine Stärke verfügst, spüre deinen Gesten und deinem Gesichtsausdruck nach. Vielleicht spürst du auch den Klang deiner Stimme.

Lass' nun den Film auf der Leinwand wieder verblassen. Komme in Gedanken wieder in diesen Raum zurück: Strecke und dehne dich, atme einige Male tief durch, öffne die Augen und sei wieder ganz wach hier. 《《

Kopiervorlagen

für die Einheit »Zielintention abschirmen«

KV 20 | Lösungsideen entwickeln

Name   Datum

Wenn-dann-Pläne:

Obwohl du den Weg zu deinem Ziel kennst, kann es trotzdem zu Störungen kommen, und zwar:

Zu jeder Störung gibt es eine Lösung! Wichtig ist es, sich diese rechtzeitig klazumachen:

Beispiel:
Wenn ich am Montag während der Matheklausur nervös und hektisch werde ...

dann führe ich mich mit meinem Konzentrationssymbol in die Ruhe zurück.

Wenn:

dann:

Wenn:

dann:

Wenn:

dann:

Wenn:

dann:

KV 21 | »Freiräume schaffen«

Name   Datum

1. Stelle dir vor, du bist von einer schützenden Hülle umgeben, die dich gegen Störungen von außen abschirmt.

2. Du hast jetzt die Möglichkeit, diese Hülle zu vergrößern und auszudehnen. Beginne dazu zunächst, die Hülle abzutasten, um ein Gefühl für deine Schutzhülle zu bekommen.

3. Jetzt dehne die Hülle mit deinen Armen und Händen vorsichtig aus. Achte dabei darauf, dass die Hülle nach allen Richtungen ausgedehnt wird.

4. Zwischendurch kannst du immer wieder überprüfen, wie groß deine Hülle und dein Freiraum mittlerweile geworden sind, indem du die Hülle befühlst.

5. Dehne deine Schutzhülle so lange aus, bis du ein sicheres Gefühl hast, dass sie für dich die richtige Größe hat.

6. Nimm diese Schutzhülle in deinem inneren Erleben mit. Du hast sie jetzt immer zur Verfügung, wenn du sie brauchst. Du weißt, du kannst sie jederzeit aktivieren.

KV 22 | Circle of Concentration

Name   Datum

1. Gehe in einen konzentrierten Zustand und wiederhole den Konzentrationstest mit dem »Unbeugsamen Arm«.

2. In diesem Konzentrationszustand werden die Übenden gebeten, für das aktuelle Konzentrationsgefühl abstrakte Eigenschaften zu finden:

   »Wenn Konzentration eine Farbe hätte, welche Farbe hat sie für dich?«
   »Und wenn zur Konzentration ein bestimmtes Licht passen würde, welches Licht passt dazu?«
   »Wenn Konzentration einen Klang hätte, welcher Klang passt?«

3. »Nimm jetzt Kontakt zu deinem ›Hara‹ auf, dem Sitz deiner Energie. Fülle diesen mit der Farbe, dem Licht, dem Klang auf. Lasse vom ›Hara‹ aus in deiner Vorstellung die Farbe, das Licht und den Klang sich im ganzen Körper ausbreiten. Dein ganzer Körper ist jetzt erfüllt von der Farbe, dem Licht, dem Klang.«

4. »Lasse dich zusätzlich von Farbe, Licht und Klang umhüllen, wie von einer Schutzhülle, die alle störenden Einflüsse abschirmt. Vielleicht ist es auch ein Schutzkreis, ein Lichtkegel oder eine Lichtsäule. Es ist dein ›Circle of Concentration‹, der dich auf deinem Weg zum Ziel schützt.«

5. »Nun finde für dich eine kreative Möglichkeit, den ›Circle of Concentration‹ nach Bedarf zu aktivieren oder ruhen zu lassen«

6. »Stelle dir eine Situation in der Zukunft vor, in der du diese neue Fähigkeit einsetzt, und teste die Wirkung.«

Beispielvorlagen

Elterninformationen für das
HKT in der Grundschule

KV 23 | Infobrief für die Eltern

Name   Datum

Das Heidelberger Kompetenztraining (HKT) zur Entwicklung mentaler Stärke

Das Heidelberger Kompetenztraining (HKT) ist ein Trainingsprogramm, das Menschen befähigt, Herausforderungssituationen erfolgreich zu bewältigen. Es wird seit 2005 von einer Projektgruppe unter Leitung von Prof. Dr. Wolfgang Knörzer an der Pädagogischen Hochschule Heidelberg entwickelt und findet bereits Anwendung in zahlreichen Schulen der Sekundarstufe I und II (HS, RL, Gymnasium, Berufsschulen). Nun wird das Trainingsprogramm modifiziert für den Einsatz in der Grundschule. Hier sollen vor allem Schülerinnen und Schüler am Ende der dritten Klasse befähigt werden, die Herausforderungen, die Anfang der vierten Klasse auf sie zukommen, gut zu bewältigen.

Jedes HKT-Programm erfolgt in vier Schritten:
1. Ziele formulieren
2. sich konzentrieren
3. seine Stärken aktivieren
4. die Zielintention abschirmen

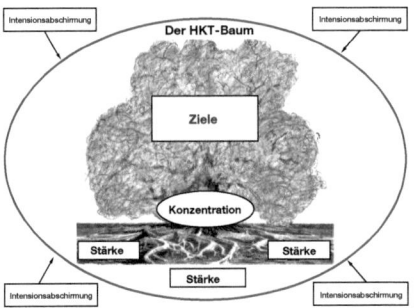

Für den Einsatz in der Grundschule wurde das Programm so modifiziert, dass diese vier Schritte in vier Doppelstunden vermittelt werden können. Mithilfe eines Fragebogens wird die Wirksamkeit des Programms evaluiert.
Vorgesehene Termine sind:

Projektleitung:
Prof. Dr. Wolfgang Knörzer, INF 720, 69120 Heidelberg, Tel 06221/477606
knoerzer@ph-heidelberg

HKT Heidelberger Kompetenz Training

KV 24 | Tipps für die häusliche Weiterarbeit

Name   Datum

Das Heidelberger Kompetenztraining (HKT) zur Entwicklung mentaler Stärke
Das HKT-Trainingsprogramm erfolgte in vier Schritten:

1. Ziele formulieren
2. sich konzentrieren
3. seine Stärken aktivieren
4. die Zielintention abschirmen

So können Sie Ihre Kinder unterstützen:
1. Das Ziel über das Zielbild immer wieder ins Gedächtnis rufen! »Wie fühlst du dich, wenn ... (du dein Ziel ereicht hast)?« Es ist nicht nötig das Gefühl zu beschreiben, wichtig ist, es zu spüren!
2. Konzentration üben (Übung »Atem schöpfen«, Konzentrationssymbol visualisieren, »Unbeugsamen Arm« testen)
3. Stärken erinnern (wie unter 1.)
4. Abschirmungsstrategien erinnern, eventuell neue mit »Wenn-dann-Sätzen« finden.

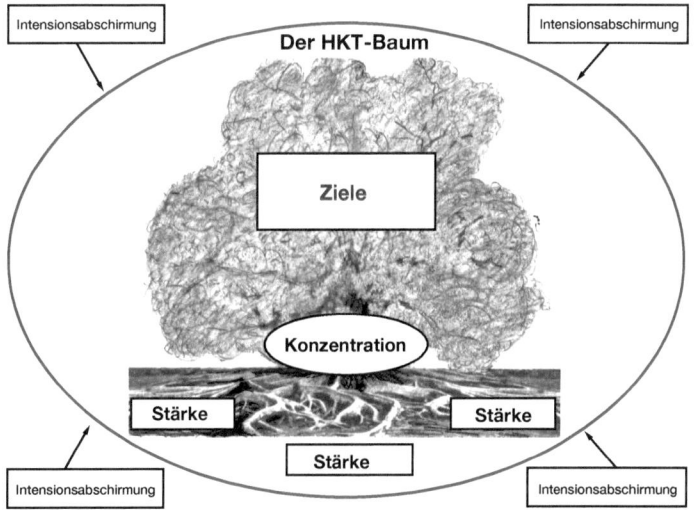

Evaluation

Skalen zur Prüfungsangst
(TAI-E, TAI-W nach Schwarzer/Jerusalem [1999])

Fragebogen TAI-E

»Was fühlst du, wenn du an deine nächsten Klassenarbeiten denkst? Bitte kreuze das Kästchen (Zahl) an, das am ehesten zutrifft!«

1. Ich spüre ein komisches Gefühl im Magen.

    trifft nicht zu [1]   trifft kaum zu [2]   trifft eher zu [3]   trifft genau zu [4]

2. Ich bin am ganzen Körper verkrampft.

    trifft nicht zu [1]   trifft kaum zu [2]   trifft eher zu [3]   trifft genau zu [4]

3. Das Herz schlägt mir bis zum Hals.

    trifft nicht zu [1]   trifft kaum zu [2]   trifft eher zu [3]   trifft genau zu [4]

4. Ich habe ein beklemmendes Gefühl.

    trifft nicht zu [1]   trifft kaum zu [2]   trifft eher zu [3]   trifft genau zu [4]

5. Ich bin aufgeregt.

    trifft nicht zu [1]   trifft kaum zu [2]   trifft eher zu [3]   trifft genau zu [4]

Fragebogen TAI-W

1. Ich mache mir Sorgen, ob ich auch alles schaffe.

   trifft nicht zu $\boxed{1}$ trifft kaum zu $\boxed{2}$ trifft eher zu $\boxed{3}$ trifft genau zu $\boxed{4}$

2. Ich frage mich, ob meine Leistung ausreicht.

   trifft nicht zu $\boxed{1}$ trifft kaum zu $\boxed{2}$ trifft eher zu $\boxed{3}$ trifft genau zu $\boxed{4}$

3. Ich denke daran, wie wichtig mir ein gutes Ergebnis ist.

   trifft nicht zu $\boxed{1}$ trifft kaum zu $\boxed{2}$ trifft eher zu $\boxed{3}$ trifft genau zu $\boxed{4}$

4. Ich bin besorgt, dass etwas schieflaufen könnte.

   trifft nicht zu $\boxed{1}$ trifft kaum zu $\boxed{2}$ trifft eher zu $\boxed{3}$ trifft genau zu $\boxed{4}$

5. Ich denke daran, was passiert, wenn ich schlecht abschneide.

   trifft nicht zu $\boxed{1}$ trifft kaum zu $\boxed{2}$ trifft eher zu $\boxed{3}$ trifft genau zu $\boxed{4}$

HKT in der Rehabilitation

HKT-Kurzanleitung für Reha-Patienten

Lösungsstrategie nach dem HKT-Prinzip

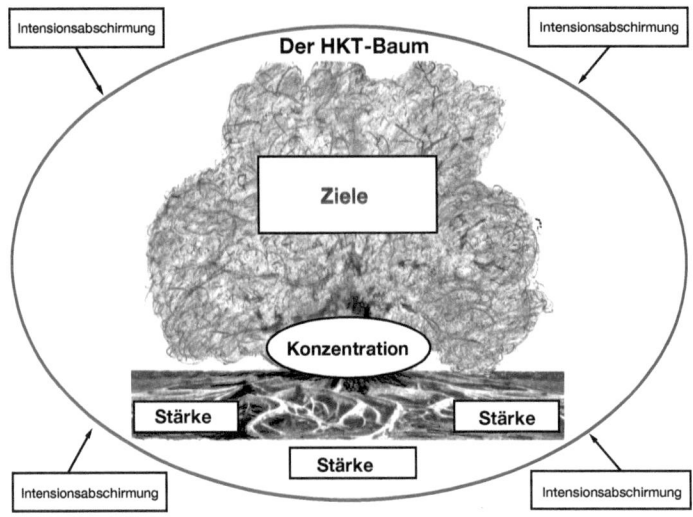

1. Ziel formulieren und in »HKT-Baum« eintragen
2. Zielerreichung mental vorstellen
3. sich konzentrieren (»Unbeugsamer Arm«) und anschließend die Zielerreichung mental im konzentrierten Zustand erleben
4. Aktionsplan für meinen Bewegungsvorsatz erstellen
5. Unterstützungsquellen sammeln, die der Zielerreichung dienen
6. drei davon in den HKT-Baum übertragen
7. Lösung für mögliche Störungen finden
8. die Zielerreichung mental im konzentrierten Zustand erleben, dabei die benötigten Quellen erinnern und sich Lösungen für eventuelle Störungen vorstellen

Gezielte Burnout-Prävention

Sylvia Kéré Wellensiek
Handbuch Resilienz-Training
Widerstandskraft und Flexibilität für Unternehmen und Mitarbeiter
2011. 396 Seiten. Gebunden.
ISBN 978-3-407-36504-0

Die Fähigkeit zu Belastbarkeit und innerer Stärke wird in der Psychologie als Resilienz beschrieben.
Resiliente Menschen können auf Anforderungen wechselnder Situationen flexibel reagieren. Im wirtschaftlichen Kontext geht die Definition des Begriffs »Resilienz« über die individuelle Fähigkeit hinaus und umfasst auch die Anpassungsfähigkeit von Organisationen an Veränderungen. Dieses Handbuch liefert beides: Resilienz-Training für Mitarbeiter und für Unternehmen.
Sylvia Kéré Wellensiek führt die Leser gekonnt durch profundes Hintergrundwissen, viele Praxisbeispiele und zahlreiche Übungen in die komplexe Thematik ein.

Aus dem Inhalt
Teil I Resilienz – Widerstandskraft und Flexibilität in Zeiten ständigen Wandels
- Die Bedeutung von Resilienz für Unternehmen und ihre Mitarbeiter

Teil II Die gezielte Entwicklung persönlicher Resilienz

Teil III Die umfassende Ausbildung organisationaler Resilienz
- Zehn mögliche Schritte zur organisationalen Resilienz

Teil IV Die besondere Position der Führungskraft
- Umgang mit persönlichen Grenzen
- Überlastete Mitarbeiter angemessen begleiten

Teil V Das Zusammenspiel im Team und an den Schnittstellen
- Teamstärke nach innen und außen

Teil VI Burnout-Prävention und Gesundheitsmanagement
- Betriebliches Gesundheitsmanagement
- Kosten und Nutzen von Prävention

Teil VII Die Verantwortung der Geschäftsführung
- Gesundheit ist ein Thema für die Unternehmensstrategie
- Werte konsequent verwirklichen

Beltz Verlag · Weinheim und Basel · Weitere Infos: www.beltz.de

Achten Sie mehr auf sich selbst!

Mithilfe des Programms »Achtsame acht Wochen« können Lehrer ihren inneren und äußeren Stressoren auf die Schliche kommen und ihre Präsenz entfalten. Im Zentrum steht aber auch das Ziel, das Potenzial der eigenen Persönlichkeit zu nutzen, um tragfähige Beziehungen zwischen Lehrer/innen und Schüler/innen zu entwickeln. Denn wem es gelingt, das Geschehen im Unterricht bewusst und präsent wahrzunehmen, der ist auch in der Lage, authentisch mit Schüler/innen umzugehen. Achtsamkeitsübungen können auch im Unterricht eingesetzt werden.

Vera Kaltwasser
Persönlichkeit und Präsenz
Achtsamkeit im Lehrerberuf
2010. 152 Seiten. Broschiert.
ISBN 978-3-407-62679-0

BELTZ
Beltz Verlag · Weinheim und Basel · Weitere Infos: www.beltz.de